청소년,
정치의 주인이
되어 볼까?

청소년, 정치의 주인이 되어 볼까?

– 청소년을 위한 살아 있는 정치 이야기

2013년 7월 10일 1판 1쇄
2025년 7월 31일 1판 14쇄

지은이 이효건
그린이 정은규

편집 정은숙, 서상일   **디자인** 권지연   **마케팅** 김수진, 이태린
홍보 조민희   **제작** 박흥기
출력 블루엔   **인쇄** 코리아피앤피   **제본** J&D바인텍

펴낸이 강맑실   **펴낸곳** (주)사계절출판사   **등록** 제406-2003-034호
주소 (우)10881 경기도 파주시 회동길 252
전화 031)955-8558, 8588   **전송** 마케팅부 031)955-8595 편집부 031)955-8596
홈페이지 www.sakyejul.net   **전자우편** skj@sakyejul.com
블로그 blog.naver.com/skjmail   **트위터** twitter.com/sakyejul   **페이스북** facebook.com/sakyejul

ISBN 978-89-5828-682-0 43340

청소년, 정치의 주인이 되어 볼까?

이효건 지음

청소년을 위한 살아 있는 정치 이야기

대한민국 헌법

사계절

 여러분은 어떤 선생님이 좋은 선생님이라고 생각하나요? 제가 민주주의를 가르치는 탓에 대화와 설득으로 운영하고자 하는 우리 반은 한 번씩은 소란스럽습니다. 반면 엄격하게, 때로는 매도 드는 '카리스마 짱' 담임 선생님이 있는 옆 반은 흐트러지지 않고 조용합니다. 이런 모습을 볼 때마다 사회 선생님으로서 고민하게 되는 것도 사실입니다. 심지어 어떤 학생은 공부 시간에 학생들 뜻대로 놀게 해 주는 것이 민주주의라고 주장하기도 합니다.

 과연 민주주의가 그런 것일까요? 민주주의에도 원칙이 있고 규범이 필요합니다. 민주주의 사회에서 규범은 누가 강제하는 것이 아닙니다. 스스로 이성적으로 판단해 지키거나 자유로운 토론을 거쳐 합의해서 지키는 것이지요. 이것이 민주주의 사회의 규범입니다.

 그렇지만 민주주의를 잘못 이해하고 있는 것이 청소년의 잘못은 아니겠지요. 우리 주위에는 청소년들이 민주적으로 생각하고 행동하기 어려운 환경이 놓여 있습니다. 우선, 가정은 어떤가요? 부모님은 자녀의 이야기도 귀담아듣고 존중하며 중요한 일은 가족회의로 결정하나요? 어머니와 아버지는 동등한 입장에서 집안일을 나누어 하나요? 학교는 또 어떤가요? 학생을 하나의 인격체로 대하면서 학생의 의견을 학교 운영에 반영하나요? 나아가 학생이 스스로 결정을 내리고 그에 따른 책임도 지게끔 하고 있나요? 이런 것이 꿈같은 얘기로 들리거나 거추장스럽게 느껴진다면, 교과서로 아무리 민주주의를 배워도 여러분 마음에 와 닿지 않겠지요.

또한 오늘날 한국 정치의 눈에 띄는 문제 현상은 '정치의 과잉'과 '정치 무관심'입니다. 우리는 대화와 합의의 문화를 가꾸지 못했기에 소모적인 갈등과 논란이 많습니다. 소모적인 갈등은 정치의 과잉을 부릅니다. 한편에서는 그토록 시끄럽기만 하니, 다른 한편에서는 아예 정치에 관심을 두지 않고 외면하는 현상이 나타납니다. 언뜻 모순되어 보이는 이 두 현상은 모두 민주주의 문화의 미성숙에서 비롯된 것입니다.

이러한 문제들을 극복할 방법은 하나입니다. 바로 민주주의의 기본을 다지는 것이죠. 그것을 학생 시절부터 시작한다면 더욱 좋을 것입니다. 그래서 학생들이 민주주의를 쉽게 제대로 이해할 수 없을까 고민하다 이렇게 책까지 쓰게 되었습니다. 무엇보다 중요한 것은 우리 학생들이 생활 주변에서부터 무엇이 민주적인 행동이고 그것이 어떤 의미가 있는지 알아가는 일이라 생각합니다.

민주주의를 어떤 고정된 제도나 완성된 형태로 배우는 것은 의미가 없습니다. 현재의 문제를 드러내 자유롭게 논의하고 더 좋은 방향으로 합의해 가는 과정이 민주주의이니까요. 민주주의는 구성원 모두가 행복한 사회를 이루려고 끊임없이 살아 움직일 때 만들 수 있습니다. 이 책이 살아 있는 민주주의에 대해 생각하는 기회가 되길 바랍니다. 또한 여러분이 정치와 민주주의가 아주 가까운 곳에 있고, 우리 삶의 대부분을 좌우하는 매우 중요한 일이라는 점을 느끼게 된다면 기쁘겠습니다.

한편 이 책에는 우리 반이 소란스러운 까닭에 대한 해명이 담겨 있기도 합니다. 민주적인 생활 태도를 익히는 것은 자신의 권리에 눈뜨는 것이며 내 삶에 주인 된 자세를 갖는 것입니다. 이것은 하루아침에 이루어지지 않습니다. 그렇지만 우여곡절을 겪더라도 학생들이 민주적인 생활 태도를 익혀야 앞으로 우리나라의 민주주의가 한 걸음 더 앞으로 나아갈 수 있습니다.

끝으로, 이 책이 나올 때까지 많은 도움을 주신 조지욱 선생님과 사계절출판사의 서상일 편집자, 책을 쓰는 동안 가정에 소홀했던 저를 잘 견뎌 준 아내와 아이들에게도 고마운 마음을 전합니다.

2013년 6월
이효건

1 정치란 무엇인가?

2

올바른 정치 참여는 어떻게?

3

우리나라 헌법은 어떤 내용?

4
국민의 권리 실현을 위한 국가 기관

1

정치란
무엇인가?

정치가 내 삶의 구석구석을 바꾼다고?

>> 정치의 기능

여러분은 텔레비전이나 신문을 통해서 뉴스를 자주 보나요? 아니, 요즘은 스마트폰으로 검색을 많이 하죠? 어떤 내용을 자주 검색하나요? 연예인 소식? 아니면 스포츠 뉴스? 정치인들의 소식이나 사회의 다양한 문제에도 관심이 있나요? 그건 어른들이나 할 일이라고요? 아마 대부분의 어른들도 선거 때를 제외하고는 별로 관심이 없을지 몰라요. '먹고살기 바빠서', 또는 '관심을 가져 봤자 달라지는 게 없으니 실망스러워서' 등등 여러 가지 이유 때문이겠죠.

이렇게 대부분의 사람들이 정치에 무관심하고 시큰둥해도 사회는 잘 굴러가는데, 학교 사회 시간이나 신문과 방송에서는 왜 정치에 관심을 기울여야 한다면서 국민들의 무관심을 지적할까요?

여러분에게 정치는 어떤 의미인가요? 이걸 한번 생각해 볼까요. 여러분 학교의 화장실 변기 수를 정해 주는 법률이 있다는 사실을 알고 있나요? '공중화장실 등에 관한 법률'을 보면, 여성 화장실의 변기 수는 남성 화장실의 대변기와 소변기를 합친 것보다 많아야 한다는 규정이 있어요. 고속도로 휴게소 같은 곳에서 여자들이 유독 줄을 길게 선 모습을 본 적이 있죠? 그런 점을 고려해서 만든 법률이죠. 여러분 학교에서도 이 법이 잘 지켜지고 있나요?

그런데 이런 법은 누가 만들까요? 바로 여러분 부모님들이 직접 뽑은 국회 의원들이 만들어요. 그뿐인가요? 누가 대통령이 되느냐에 따라 대학 등록금이 반값이 될 수도 있고 안 될 수도 있고요. 너무 자주 바뀌어 문제가 되곤 하는 대학 입시 제도도 결정되죠. 그래서 교육부에서 어떤 정책을 시행하느냐에 따라 수십만 명의 수험생들이 울고 웃는 상황이 발생하고, 중고등학교 교육 과정이 바뀌면 여러분도 그 영향을 받잖아요. 또 어떤 사람이 교육감에 뽑히느냐에 따라서 학교 급식이 무상이 되기도 하고 그렇지 않을 수도 있죠.

여러분과 직접 관련이 없어 보이던 정치라는 것이 사실은 이렇게 여러분의 삶과 아주 밀접한 관련이 있어요. 그래서 자신의 삶을 좀 더 행복하게, 살기 좋게 만들려면 정치에 관심을 두고 적극적으로 참여하라고 하는 거지요. 이제 정치에 관심이 좀 생기나요? 그러면 정치란 무엇인지 좀 더 자세히 알아볼까요.

학생의 자치인가, 선생님의 통치인가?

》 자치와 통치

여러분, 더운 여름 교실에서 에어컨을 가동할 때 친구들끼리 의견이 달라 말다툼을 한 적이 있나요? 주로 남학생들은 덥다며 에어컨을 켜자 하고, 여학생들은 춥다고 끄자는 경우가 많지요. 이런 때 어떻게 이야기를 나누고 결론을 내나요? 마음 상한 적도 있지 않나요? 30명 안팎인 작은 교실에서도 이런 '사소한' 문제로 의견 충돌이 일어나는데, 5천만 인구가 모이면 어떨까요? 시끄럽지 않고 조용하면 오히려 이상하겠지요.

많은 사람들이 모여 사는 사회에서 서로 의견이 다른 것은 아주 당연한 일입니다. 모든 사람의 의견이 같다면 그게 이상한 거죠. 또한 의견이 다르니 갈등이 일어나는 것도 당연합니다. 이때 생각이 다른 사람들과 대화를 나누어 서로의 의견이나 이익을 조정해 가는 과정이 바로 정치입니다. 결국 정치란 여럿이 모이다 보면 발생할 수밖에 없는 대립과 충돌을 줄여 주는 기능을 하지요.

그런데 다른 나라에서나 우리나라에서나 역사적으로 보면 '사회 혼란'을 이유로 독재자가 등장하기도 합니다. 심지어 이를 긍정적으로 받아들이는 사람마저 있지요. 이것은 민주주의가 원래 각자의 권리를 주장하다 보니 좀 시끄러울 수밖에 없다는 기본 전제를 이해하지 못해서 생기는 일이라 할 수 있어요. 민주주의 사회는 자기와 의견이 다른 사람을 시끄럽다며 무시하지 않습니다. 작은 의견이라도 드러내서 함께 이야기합니다. 그래서 더 많은 사람이 만족

할 수 있는 방법을 찾으려고 끝없이 노력합니다. 그 노력 덕분에 사회는 더욱 행복해지고 발전해 나가지요.

그럼 이해관계는 누가 어떻게 조정하는 것이 가장 좋을까요? 앞에서 예로 들었던 교실 에어컨을 켤까 말까 하는 문제는 누가 결정하는 것이 가장 좋을까요? 학급에서 가장 힘센 학생이 결정권을 갖는 상황을 생각할 수 있겠지요. 그렇지만 이건 동물의 세계와 다를 바가 없으니 피하는 편이 좋을 거예요. 그다음엔 학생들끼리 상의하고 서로 양보해서 결정하는 방법이 있겠지요. 그런데 끝까지 서로 양보하지 않으면 어떻게 될까요? 그럴 때는 어쩔 수 없이 선생님이 나서서 결정해 주는 수밖에 없겠죠.

자, 어떤 방법이 가장 적절할까요? 당연히 학생들 스스로 의견 조정을 거쳐 결정하는 방법이 가장 좋겠지요. 이런 방법을 스스로 결정한다고 해서 자치라고 해요. 그런데 구성원들이 스스로 문제를 해결하지 못하면 결정권이 다른 사람에게 넘어가서 조정을 당하게 됩니다. 이런 것을 통치 당한다고 하지요. 옛날, 왕이 지배하는 시대에는 정치란 당연히 통치라고 생각했습니다. 그러나 지금은 정치란 통치가 아닌 자치라는 생각이 널리 퍼져 있어요.

더 나아가 여러 사회 집단에서 주인이 누군지 생각해 볼까요. 학교의 주인은 누굴까요? 교장 선생님? 이런 질문에는 그곳이 무엇을 하는 곳인지를 생각해 보면 답이 금방 나옵니다. 학교란 당연히 배우는 곳이고, 배우는 사람과 가르치는 사람이 필요하겠죠? 그래서 학교의 주인은 학생과 선생님이 되는 겁니다. 그럼 병원은? 당연히 환자와 의사가 되는 거죠.

이런 식으로 누가 주인이냐를 따져 보는 것은 중요해요. 주인이 주인 된 역할을 해야 민주주의 사회라고 할 수 있거든요. 국가의 주인이 국민이어서 나라 운영에 최종적인 책임이 있듯, 학교에서도 학생들의 주인 된 역할이 중요해요. 주인은 자신의 권리와 의무를 잘 알고 행동해야 하죠. 여러분도 학교에서 주인 된 역할을 잘하고 있나요? 이 책에서 주인 된 역할이 무엇이며 어떻게 해야 하는지 함께 알아보도록 해요.

국가는 왜 만들어졌을까?
» 국가의 역할

여러분은 인간의 본성이 악하다고 생각하나요, 선하다고 생각하나요? 아니면 경우에 따라 달라진다고 생각하나요? 여기 여러 사람들이 사막을 여행하다가 길을 잃어 헤매고 있다고 가정해 봅시다. 그들 앞에 물 한 병이 놓이면 어떻게 될까요?

여러 가정이 나올 수 있겠지만 17세기 영국의 정치사상가인 토머스 홉스(1588~1679)는 이렇게 생각했어요. '자연 상태에서 인간은 동물과 다름없다. 즉 만인 대 만인의 투쟁 상태이다.' 그러면 어떻게 될까요? 당연히 물 한 병을 둘러싸고 처절한 다툼이 벌어져 결국은 가장 힘센 사람이 물을 차지하는 상황을 떠올릴 수 있겠죠. 아마 자연 상태에서는 힘센 사람이 모든 것을 차지하게 될 겁니다.

이어서 홉스는 이를 해결할 방법을 생각해 봅니다. 각자 물을 차지하기 위해 싸움을 벌이기보다 다 같이 나눌 수 있는 방법이 뭐가 있을까요? 홉스는 모든 사람들이 함께 양보해서 어떤 조직을 만들고 그 힘 아래에서 같은 권리를 누리는 것을 구상합니다. 그것이 바로 국가죠. 홉스는 모든 사람의 권한을 넘겨받아 국가라는 조직체가 만들어지고, 그 우두머리 권력자가 절대 권한을 가져야 비로소 자연 상태의 혼란이 나타나지 않고 사람들이 동등하게 권리를 누릴 수 있다고 보았습니다. 그의 이러한 생각은 『리바이어던』이라는 책에 잘 나와 있습니다.

반면 존 로크(1632~1704)는 자연 상태의 인간이 원래 평화롭고 평등한 존재라고 생각했어요. 그런데 땅과 같은 재산권 때문에 서

토마스 홉스와 존 로크 홉스(왼쪽)는 국가가 자유로운 시민들이 합의하여 만든 것이라고 주장했다. 로크(오른쪽)는 더 나아가 시민에게 부당한 권력에 대한 저항권이 있다고 주장했다.

로의 권리를 침해하는 경우가 생긴다고 보았죠. 이런 경우 다툼을 줄이고 조정해 줄 존재가 필요합니다. 그래서 서로 계약을 맺고 이 조정권을 행사할 존재로 만들어 낸 것이 국가라고 주장했어요. 평소에는 자유롭고 평화롭던 사람들도 사막에서 물을 만났을 때 그것을 둘러싸고 싸움을 벌일 수 있기 때문에, 이것을 조정해 줄 존재로 국가가 필요한 것이지요. 개개인의 자유와 권리를 적절히 지키고 나눌 필요에 따라 국가가 만들어졌다는 얘기입니다.

이 두 사람의 주장 같은 것을 사회 계약설이라고 해요. 국가가 사람들끼리의 계약을 토대로 만들어졌다는 뜻이지요. 그런데 위에서 말한 두 사람의 이론은 어떤 차이가 있을까요? 바로 계약을 통해 사람들의 권리를 넘겨받은 정치 권력자의 권한입니다. 홉스는 이 정치 권력자가 절대적인 권한을 행사해야 한다고 보았어요. 반면 로크는 이 정치 권력자의 역할이 조정인 만큼 지나친 권력을 행사해서는 안 된다고 보았지요. 그래서 만약 권력자가 위임받은 권한을 넘어서는 권력을 행사한다면, 구성원들은 이에 저항할 권리(저항권)가 있다고 했어요. 그게 아무리 왕이라 해도요. 그래서 프랑스에서는 시민들이 왕을 끌어내고 처형했잖아요.

홉스와 로크의 주장은 비슷한 면도 있고 다른 면도 있지요? 이 두 사람의 주장이 나온 시기에 유럽에서는 절대 군주제가 사람들의 자유를 억누르고 그 폐해를 드러내어 몰락을 예고하고 있었어요. 사회 계약설은 사회에 영향을 끼쳐 군주제를 폐지할 명분을 주었고, 시민 혁명의 이론적인 배경이 됩니다.

어때요? 국가가 왜 만들어졌다고 생각하느냐에 따라 국가의 역할을 달리 규정하게 되고, 그에 따라 국민 개개인의 권리 의식도 달라질 수 있다는 점을 이해할 수 있나요? 여러분에게 국가는 어떤 존재이고 어떤 의미가 있나요? 여러분의 권리를 보장해 주는 존재라고 생각되나요, 아니면 여러분의 권리를 억압하는 존재라고 생각되나요?

국가가 왜 만들어졌다고 생각해?

그런거 생각해 본 적 없는데.

절대 군주제 군주가 어떤 법률이나 기관에도 구속받지 않고 국가의 모든 통치 기구를 장악하여 절대적인 권한을 휘두르는 정치 체제로, 17~18세기 유럽 여러 나라에서 행해진 군주제이다.

"법대로 해!"는 정당할까?
》 법치주의

여러분은 히틀러(1889~1945)라는 이름을 들어 봤을 거예요. 2차 세계 대전을 일으켜 전 세계에서 수백만 명의 목숨을 앗아 간 유명한 독재자이자 전쟁광이지요. 그런데 이 나쁜 사람은 어떻게 독일이라는 나라 전체를 전쟁의 소용돌이에 휘말리게 했을까요?

독재자였으니 군대를 동원해서 총칼로 독일 국민을 꼼짝 못하게 했을까요? 놀랍게도, 히틀러는 합법적으로 독일 국민의 선택을 받은 인물이었습니다.

그러면 민주주의를 짓밟은 장기 독재의 상징으로 언급되는 우리나라의 유신 헌법은 어땠을까요? 유신 헌법은 1972년 박정희 정권이 국회를 해산하고 비민주적인 환경에서 찬반 토론까지 금지하는 가운데 개정한 헌법입니다. 국민의 기본권을 제한하고 국민이 대통령을 직접 뽑을 수 없게 만들었으며 대통령의 권한을 크게 확대하는 등, 당시 대통령 박정희가 장기 독재를 강행하기 위해 만든 악법이었죠. 그런데 이 악법 또한 놀랍게도 국민 투표를 거쳐 통과된 합법적인 헌법이었습니다.

위의 두 가지 사례를 보고 우리가 알 수 있는 것은 무엇일까요?

흔히 민주 정치를 법치주의라고 합니다. 법에 근거해서 나라를 다스려야 하고 법에 근거하지 않고서는 국민의 권리를 제한하거나 의무를 지울 수 없다는 것이지요. 그런데 이를 어설프게 이해하면 어떻게든 법만 만들면 된다고 생각하거나 법에 따른 절차만 지키면 된다고 생각할 수 있습니다.

그렇지만 법적인 절차를 거쳤다고 해서 다 정당한 것은 아닙니다. 또한 법을 제정하는 과정을 형식적으로 거쳤다고 모든 법이 정당성을 띠는 것도 아닙니다. 국민의 정당한 대표들 사이에서 충분한 논의가 이루어지고 이것을 국민들이 납득할 수 있을 때만이 그 법은 정당성을 주장할 수 있습니다. 독재자들은 자신들에게 유리하게끔 법을 만들고 이것을 합법적이라는 이유로 국민들에게 강요하여 국민들의 정당한 주장을 묵살하곤 합니다. 그러나 이는 법치주의를 제대로 이해하지 못한 것입니다.

우리나라에서 독재자들이 즐겨 썼다는 "악법도 법이다!"라는 말은 실제로 소크라테스가 하지도 않았다지요? 이제 "악법은 고쳐야 한다!"로 바꿔서 알아 두는 것은 어떨까요?

민주주의는 생활 속에 있다!
》 민주주의의 의미

대한민국은 민주 공화국이다.

우리 담임 선생님은 학급을 민주적으로 운영하신다.

우리 회사 사람들은 생활 태도가 참 민주적이다.

위의 문장들은 민주라는 말이 들어간 것입니다. 똑같은 민주라는 말이지만 의미가 각각 다르다는 것, 느끼셨나요?

첫 번째 문장의 민주는 정치 형태로서의 민주주의를 가리킵니다. 민주주의를 뜻하는 데모크라시(democracy)란 원래 고대 그리스에서 시민을 뜻하는 데모스(demos)와 지배를 뜻하는 크라토스(kratos)가 합쳐진 말입니다. 시민[民]이 주인[主] 된다는 한자어 민주(民主)와도 일치합니다. 이처럼 민주주의는 그 어원에서도 알 수 있듯 정치 형태의 하나로 보는 것이 가장 일반적이라 하겠습니다.

첫 번째 문장에 나오는 공화국이라는 말에 대해서도 설명해야겠죠. 공화국이란 군주국(왕이 세습하며 다스리는 나라)과 반대되는 개념입니다. 즉 주권이 국민에게 있고 국민이 선출한 대표자가 국민의 권리와 이익을 위해 운영하는 국가를 말합니다. 그중에서도 주권이 일부 국민이 아닌 전체 국민에게 있는 정치 체제를 민주 공화국이라고 합니다.

그런데 정치 형태로서 민주주의는 다양한 모습이 있습니다. 어떤 나라에는 대통령이 존재하고, 다른 나라에는 수상˙이 존재하며, 또 어떤 나라에는 지금까지 왕이 존재하기도 합니다. 이처럼 형태는 달라도 실질적인 주권이 국민에게 있다면 모두 민주주의 정치 체제의 일종이지요. 그런가 하면 민주주의라는 이름만 붙인 거짓 민주주의도 있어요. 여러분은 북한의 정식 국가 명칭이 '조선 민주주의 인민 공화국'이라는 사실을 알고 있나요? 놀랍게도 민주주의라는 말이 들어가지요. 그리고 우리나라건 다른 나라건 유명한 독재자들도 자기가 민주주의를 했다고 하지 결코 독재를 했다고 하지는 않습니다. 겉은 민주주의로 포장하고 있지만 알맹이도 과연 그런지 잘 살펴봐야 진짜 민주주의를 구별할 수 있답니다!

두 번째 문장의 민주는 각자가 속한 집단 속에서 그 의미를 찾을 수 있는 것입니다. 예로 든 담임 선생님의 경우처럼 학급 구성원인

수상 의원 내각제에서는 보통 다수당의 대표가 수상이 된다. 수상은 행정부의 우두머리가 되어, 우리나라의 대통령에 해당하는 역할을 수행한다. 총리라고도 한다.

학생들의 의견을 잘 듣고 학생들로 하여금 스스로 결정하고 그에 따르게 만드는 능력이나 태도를 가리킵니다. 학급 반장을 뽑을 때 선거를 거친다든지, 학교 교칙을 정할 때 학생들의 의견을 듣는 것 등이 해당됩니다.

　세 번째 문장의 민주는 국가나 집단 단위가 아니더라도 일상생활 속에서 나타나는 태도를 가리킵니다. 예를 들어, 친구끼리나 회사에서 자기 생각을 서로 자유롭게 이야기하고 그 가운데에서 합의를 이끌어 내는 방식 자체를 민주적이라고 합니다. 이때는 생활 방식이나 사고방식을 말합니다. 남을 배려하고, 대화와 타협을 중시하며, 다양성과 차이를 존중하는 사고방식 등이 모두 민주주의를 생활 속에서 실천하는 일이라 하겠습니다.

결국 민주주의는 정치 형태만이 아니라, 인간 존중과 정의를 실현하는 기본 개념이자 생활 속 기본 원칙이라고 할 수 있겠지요?

자유로운 토론은 민주주의 생활 태도의 기본 고대 그리스에서 학문이 발전할 수 있었던 것은 민주주의 생활 태도가 일상에 자연스럽게 배어 있었기 때문이다. 그림은 라파엘로의 〈아테네 학당〉(1511년)이다.

헌법이 없으면 민주주의가 아니라고?

» 입헌주의

똑같이 지각을 했는데 담임 선생님이 어느 날은 화가 난다고 벌을 주고 어느 날은 기분이 좋다고 봐준다면 여러분은 어떤 생각이 드나요? 분명 불공평하고 부당하다고 생각하겠지요. 국가도 일정한 규칙 없이 국가 권력자에게 모든 권한이 맡겨져 있다면 어떻게 될까요? 아마도 늘 공평하게 권한을 행사할 거라고 기대하기 어려울 겁니다. 법이 필요한 이유이지요.

그런데 법이 있기는 하지만, 왕이 마음대로 법을 바꾸면 어떻게 될까요? 그것 또한 문제겠지요. 그래서 민주주의가 먼저 발전했다는 영국이나 프랑스에서 시민들은 못할 일이 없는 절대 권력자였던 국왕의 권한을 제한하거나 폐지하기 위해 싸웠고, 국가의 운영 또한 법에 따라서 하게 했습니다. 이때 국가 운영에 관한 원리를 밝힌 법을 헌법이라고 합니다. 헌법이란 시민의 권리를 보장하기 위해 국가 운영의 기본 원리를 정한 것이지요.

그런데 그렇게 시민의 권리를 보장하려면 누가 법을 만들어야 할까요? 시민의 손으로 직접 만든 법만이 시민의 권리를 제대로 지켜 주지 않을까요? 그래서 민주주의 국가에서는 법을 만드는 권리가 국민에게 있습니다. 국민은 자신들의 대표자인 의원을 직접 뽑으며, 그 의원들로 법을 만드는 의회가 구성되지요. 법 가운데 특히 국가 운영의 기본 원리를 담은 헌법은 우리나라의 경우 국민 투표를 꼭 거치도록 해 두었습니다.

이처럼 국가 구성원들이 합의해서 만든 헌법에 따라 국가를 운영해야 한다는 생각을 입헌주의라고 합니다. 권력이라는 것은 언제든 남용되기 쉽습니다. 그래서 이 권력을 헌법의 테두리 안에 둠으로써 제멋대로 하는 일을 미리 막고자 하는 것이지요. 이렇게 하는 궁극적인 이유는 국민의 권리를 보장하기 위해서입니다.

오늘날 민주주의 사회에서 헌법은 매우 중요한 역할을 하며, 국민이 뽑은 대표자가 국민의 의사에 반하는 행동을 하면 국민들은 헌법의 정신을 따져 물으며 항의하는 일이 벌어지곤 합니다.

> **의회** 시민이 직접 뽑은 의원으로 구성되어 법을 만들거나 중요한 국가 작용에 참여한다. 법을 만드는 기능이 본디 임무여서 입법부라고 한다. 우리나라에서는 의회를 '국회', 지방 자치 단체의 의회를 '지방 의회'라고 한다.

권력은 모아 주면 안 된다!
》 권력 분립

여러분은 『춘향전』에 나오는 변 사또를 알지요? 고을 백성들을 못살게 굴고 죄 없는 춘향을 감옥에 가둔 몹쓸 인물이죠. 만약 남원 고을에 지금처럼 지방 의회가 있어서 고을 사또도 지켜야 하는 법을 만들고, 또 이것을 어기면 사또라도 처벌하는 법원이 있다면 어땠을까요? 변 사또가 그런 짓을 할 수 있었을까요? 일개 고을 사또조차 백성의 목숨까지 좌우하는 권력을 행사하는데, 국왕의 권력은 그야말로 어마어마했겠지요? 바로 이런 이유 때문에 근대 민주주의 사상이 탄생하면서 권력은 한 사람에게 또는 한곳에 집중되지 않도록 나눠 놓습니다. 이것을 권력 분립이라고 합니다.

그럼 실제로 권력을 어떻게 나누어 놓는 것이 좋을까요? 민주주의가 먼저 발전한 영국과 미국의 경우를 살펴볼까요.

영국에서는 절대 왕정이 의회의 견제를 받아 왕의 권한을 의회에 넘기는 과정을 거쳤습니다. 그래서 법을 만드는 권한(입법권)을 가진 의회가 국왕의 집행권(행정권)보다 지위가 우월합니다. 나아가 행정권도 입법권에서 나오게 합니다. 이것이 의원 내각제 또는 내각 책임제의 원형입니다. 즉 국민이 직접 선출한 의원들로 의회가 구성되면, 그 의회에서 다수를 차지한 당에서 총리가 나오고, 그 총리가 내각(국가의 행정권을 담당하는 최고 기관)을 구성합니다. 이렇게 해서 정부를 국민이 직접 선출한 의회의 통제 아래 운영되게 만들죠. 그리고 이때 의회에는 내각 해임권이 있고, 총리에게는 의회 해산권이 있습니다. 서로 상대를 압박할 수 있는 권한을 가져서 어느 한쪽이 마음대로 하지 못하게끔 견제가 가능해지는 것이죠. 이것이 존 로크가 주장한 이권 분립론입니다.

한편 영국에서 독립한 미국은 입법부인 의회는 물론 행정부의 우두머리인 대통령도 선거로 뽑는 정부를 만듭니다. 대통령과 의회를 아예 독립적으로 구성해 둘 사이에 서로 철저한 견제와 균형이 이루어지도록 정부 형태를 구성한 것이죠. 여기에 사법부를 더한 것이 대통령 중심제 또는 대통령제의 원형입니다. 이것이 샤를 몽

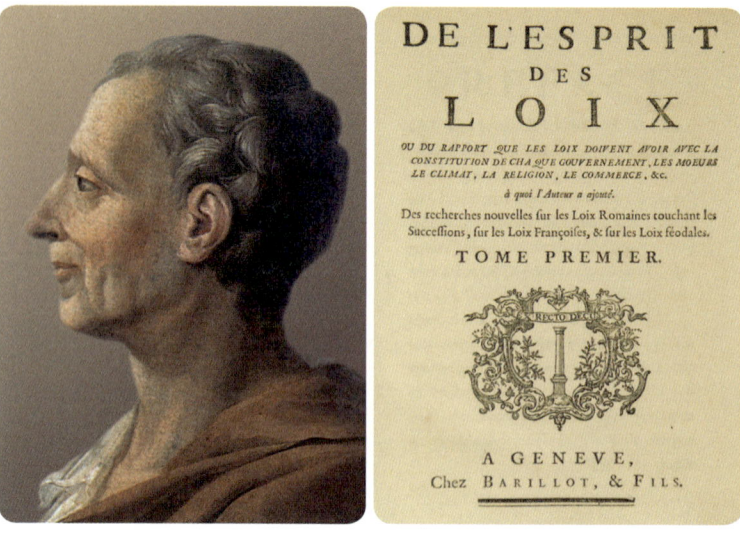

몽테스키외와 그의 책『법의 정신』 몽테스키외는 삼권 분립의 주장을 담은 『법의 정신』을 지어 미국 헌법과 프랑스 혁명에 큰 영향을 주었다.

테스키외(1689~1755)가 말한 삼권 분립론입니다. 삼권은 입법권·행정권·사법권을 가리킵니다.

　오늘날 대부분의 민주 국가에서는 권력 분립을 원칙으로 하고 있습니다. 그 원리는 먼저 국민의 대표로 선출된 의회에서 국민의 뜻을 받들어 누구나 공평하게 지켜야 할 법을 만드는 것입니다. 그러면 정치 지도자는 이 법에 따라 국가를 운영합니다. 이 과정에서 의회에서 만든 법률에 어긋나게, 다시 말해 국민의 뜻에 어긋나게 권력을 행사하지는 않았는지 감시하고 바로잡을 수 있게 하는 장치가 바로 사법권입니다. 때문에 이 셋은 서로 떨어져서 감시와 견제를 하고, 그 과정에서 국민의 뜻이 존중되며 국민의 기본권이 보장될 수 있게 합니다. 이것이 삼권 분립의 취지입니다. 따라서 세 가지 가운데 어느 권력이라도 지나치게 집중되거나 다른 권력을 침해한다면 그것은 권력 분립의 원리를 거스르는 일이 됩니다.

어때요? 우리나라에서는 세 권력이 적절히 균형을 이루며 국민의 권리를 잘 보호하고 있나요? 아니면 어느 한 권력이 너무 우세하여 다른 권력까지 좌지우지하고 있나요? 만약 그렇다면 본래 의미를 잘 살릴 수 있게 국민들이 잘 이끌어야겠죠? 우리나라에서 입법부·행정부·사법부가 각기 어떤 권한을 가지고 있으며 무슨 일을 하는지는 4부에서 알아보겠습니다.

두 마리 토끼를 잡을 수 있을까?

>> 자유와 평등

여러분은 동물원에서 사자나 호랑이, 코끼리 같은 동물을 봤을 때 어떤 느낌이 들었나요? 혹시 이런 생각은 해 보지 않았나요? 초원을 누비고 산천을 호령해야 할 맹수가 쇠창살 안에 갇혀 인간을 위해 재롱을 떨어야 하다니 불쌍하다는 생각! 누가 여러분에게 평생 식사와 안전을 제공하는 대신 자유를 포기하라고 한다면 여러분은 여기에 응하겠습니까? 여러분은 아마 이렇게 말하겠죠. "아니, 사람이 동물이랑 같나요?" 바로 그런 경우 인간이 동물과 다른 근본적인 무언가가 있다는 생각! 그 다른 점이 바로 인권이라는 것입니다.

17~18세기에 이르자 그간 신분에 따른 차별, 남녀 성별에 따른 차별 등을 당연하다고 여기던 사람들이 '모든 인간은 태어나면서부터 누구에게도 침해받지 않고, 타인에게 양도할 수 없는 권리가 있다.'는 생각을 하게 되었습니다. 즉 인권을 자각하게 된 거죠. 이 인권의 핵심적인 내용이 바로 자유와 평등입니다.

여러분, 강의석이라는 이름을 들어 본 적이 있나요? 이 사람은 고등학교 시절 자기가 다니던 학교에서 종교 예배를 강요하자, 종교의 자유를 요구했습니다. 이를 학교에서 들어주지 않자 시위를 벌였고, 학교에서 제적당하게 됩니다. 그 뒤 이 조치가 부당하다며 소송을 제기하고 대법원에서 이겨 학교로 돌아옵니다. 이 사건의 의의는 아무리 종교 단체에서 설립한 학교라도 종교의 자유를 보장해야 한다는 것입니다. 이 사건은 종교 단체에서 설립한 많은 학교에 영향을 끼쳤으며, 최근 학생 인권 조례에 종교의 자유가 포함되는 데 큰 영향을 주었습니다.

자유란 자율적이고 독립적으로 행동할 권리를 뜻합니다. 종교의 자유 말고도 신체의 자유, 양심의 자유, 언론·출판·집회·결사의 자유 등 여러 가지가 있습니다.

다음은 평등에 대해서 알아볼까요. 혹시 여러분 학교에 '심화반'이라는 것이 설치되어 있나요? 겉으로는 심도 있는 학습을 위해 구성한다고 하지만, 사실은 학생들을 성적순으로 나열해 전교 몇 등까지만 모아서 공부시키는 학급이죠. 몇몇 고등학교에서는 성적순으로 수업을 달리하는 것은 물론 책상과 의자까지도 편안하고 안락한 것을 주고, 또 이 학생들만을 위해 기숙사를 운영하기도 한답니다. 그러면 이 학생들 이외의 평범한 학생들은 어떤 감정을 느낄까요? 수업료는 똑같이 내는데 수업의 질도 다르고 대우도 다르니, 심하게 얘기하면 자신이 우수한 학생들을 위해 '바닥을 깔아 주는 도구'가 된 것 같다고 생각하지는 않을까요? 우리 헌법 31조에서는 교육의 기회 균등을 강조하고 있습니다. 이런 조치들은 헌법 정신을 정면으로 위반하는 것이 아닐까요? 만약 여러분이 이런 대접을 받는다면 기분 나쁘지 않겠어요?

평등이란 신분·성별·성적 등에서 차별 없이 동등한 대우를 받을 권리를 뜻하며, 우리 헌법에서도 법 앞의 평등, 기회의 균등을 강조하여 차별 없는 공평한 사회를 지향한다고 말하고 있습니다.

그러나 아주 쉬운 것 같은 이 자유와 평등이 현실에서는 적용하기 어려운 점이 있습니다. 이를테면 고교 평준화 문제를 생각해 볼까요. 앞에서 예로 든 심화반 문제를 지역으로 확대해 보면 평준화 문제와 연결됩니다. 중학교 교육이 고교 입시 경쟁으로만 치우치는 단점을 완화하고 고른 교육 기회를 제공하기 위해 도입한 것이 고교 평준화 제도입니다. 즉 성적순으로 학교를 나누지 않는 것이죠. 그런데 성적이 좋은 일부 학생들의 학부모들은 이른바 명문 고등학교에 진학할 자유를 빼앗겼다고 생각할 수 있습니다. 이 경우 교육의 기회 균등을 앞세운 평등의 정신이 우선되어야 할까요, 아니면 자기가 원하는 수준의 교육을 받을 자유가 우선되어야 할까요?

자유와 평등은 모두 우리 사회가 추구해야 할 소중한 가치입니다. 그러나 경우에 따라서는 어느 하나에 더 무게를 두어야 하는 선택의 순간도 생깁니다. 이때에는 어떤 가치를 더 소중하게 여겨야 하는지 판단하고, 사회 구성원끼리 민주적인 토론을 거쳐 합의를 이끌어 내는 과정이 중요합니다.

고대 그리스에서 민주주의가?
》 민주 정치의 기원

여러분은 『그리스·로마 신화』라는 책을 읽어 봤나요? 그 책에 나오는 그리스의 아테네와 스파르타가 바로 서구 민주주의의 기원에 해당하는 도시 국가들입니다. 이 도시 국가들은 산으로 둘러싸인 분지에 인구도 수만 명 정도여서, 어떤 문제가 생기면 전체 구성원이 모여 회의를 하고 결론을 내릴 수 있었습니다.

아테네에서는 '아고라'라는 광장 언덕에 모여 정치 문제와 사상 등을 토론하고 결정했습니다. 공직에 참여할 사람과 재판관 등을 추첨으로 뽑아 돌아가며 맡겼지요. 요즘 같으면 서로 나서서 맡으려 했을 권력의 자리를 추첨을 해서 맡겼다니 선뜻 이해가 가지 않지요? 아테네 시민들은 정치를 특별한 능력을 가진 사람이 다른 사람들을 통치하는 것이라고 생각하지 않았습니다. 시민 누구나 그 역할을 할 수 있다고 생각했으며, 그것을 삶을 살아가는 자연스러운 도리로 보았습니다. 이런 특성을 지닌 고대 그리스의 민주주의를 추첨 민주주의라고 부르기도 합니다.

또한 아테네 시민들은 일상적인 정치 활동을 가로막는 권력자의 등장을 막기 위해 도편 추방제라는 제도를 이용했습니다. 이것은 시민들의 모임인 민회에서 국가에 해를 끼칠 것이 우려되는 인물의 이름을 조개껍데기나 도자기 파편에 적게 하여 6천 표 이상이 나오면 국가에서 추방하는 제도였습니다. 그만큼 민주주의를 위협하는 독재자의 등장에 민감했던 거지요.

이러한 여러 이유에서 그리스 도시 국가의 정치 제도를 민주주의의 근원이라 부르고, 지금도 그 의미를 짚어 보는 것입니다.

또 하나 주목해야 할 점은 당시 시민들에게 민주주의는 권리이자 의무였다는 사실입니다. 시민들은 나라를 지키는 군인으로, 또 토지를 경작하여 세금을 내는 사람으로, 그리고 행정과 재판에 참여하는 공직자로 역할을 돌아가며 맡았습니다. 오늘날 많은 사람들이 민주주의를 누려야 할 권리로만 인식하는 것과는 다르지요. 이 사실은 가뜩이나 정치적 무관심이 문제되는 현대 사회에서 곰곰이 생각해 봐야 할 점이라고 하겠습니다.

참! 인터넷 포털 사이트에 보면 '아고라'라는 토론 광장이 있지요. 또 국립 서울대학교에 가면 '아크로폴리스'라는 광장이 있습니다. 이 명칭들은 모두 고대 그리스의 민주주의를 상징하는 지명에서 따온 것이에요. 고대 그리스의 민주주의가 지금도 그 의미를 이어오고 있는 것이지요.

하지만 그리스 도시 국가에서 시민은 성년 남성만으로 구성되어 여성이나 노예, 외국인은 제외되었습니다. 오늘날 우리가 말하는 시민의 범주와 견주어 보면 제한적이었죠.

드디어 시민이 주인이 되다!

» 시민 혁명

　여러분의 어머니, 아버지는 학창 시절에 머리 모양이며 옷차림이 어땠을까요? 스포츠머리나 단발머리라고, 혹시 들어 봤나요? 인권 침해를 아무렇지도 않게 받아들이던 시절에 모든 남학생은 스포츠머리, 모든 여학생은 단발머리를 해야 했죠. 흘러간 옛이야기만이 아닙니다. 불과 몇 년 전까지만 해도 학생들의 머리 모양이나 옷차림을 심하게 규제했습니다. 지금은 두발·복장 자율화나 또 몇몇 교육청에서 시행하는 학생 인권 조례 등에 따라 학생들의 겉모습이 많이 달라지고 있습니다.

　물론 처음 학생 인권을 말할 때는 '아이들에게 자유를 주면 엉망이 될 거야.'라는 우려도 나왔습니다. 그러나 대부분의 학생들은 자신을 잘 가꾸고 있습니다. 인권이라는 것도 대개 이런 방식으로 영역을 넓혀 왔습니다. 즉 이미 자유를 누리고 있던 기득권층의 반대와 탄압에 맞서 피땀을 흘리고 나서야 지금과 같은 보편적인 모습을 찾을 수 있었던 것입니다.

　앞에서 살펴보았던 고대 그리스 시대의 민주주의는 중세로 들어서면서 후퇴하게 됩니다. 중세가 끝나고 근대가 시작하는 시점에 중요한 사건이 일어나는데, 이것이 시민 혁명입니다. 시민 혁명은 어느 날 갑자기 찾아온 것이 아니라 오랜 기간의 사상적·실천적 노력이 뒷받침되어 일어납니다. 계몽사상이라든가 사회 계약설 등이 그것이지요. 이 정치 사상들의 영향을 받아 이루어진 시민 혁명 가운데 대표적인 것이 프랑스 대혁명입니다. 이 혁명 직후에 발표된 선언문의 일부를 볼까요.

1조. 인간은 자유롭고 평등한 권리를 지니고 태어나서 살아간다. 사회적 차별은 오로지 공공 이익에 근거할 경우에만 허용될 수 있다.

2조. 모든 정치적 결사의 목적은 인간이 지닌 소멸될 수 없는 자연권을 보전하는 데 있다. 이러한 권리로는 자유권, 재산권, 신체 안전에 대한 권리, 억압에 대한 저항권 등이다.

3조. 모든 주권은 본질적으로 국민에게 있다. 어떤 단체나 개인도 국민에게서 직접 나오지 않은 권력을 행사할 수 없다.

4조. 자유는 타인을 해롭게 하지 않는 한 모든 행위를 할 수 있음을 말한다. 따라서 각자의 자연권 행사는 사회의 다른 구성원에게도 동등한 권리를 보장해 주어야 할 경우 말고는 어떤 제약도 받지 않는다. 그 제약은 오로지 법에 의해서만 규정될 수 있다.

5조. 사회에 해로운 행위가 아니면 법으로 금지하지 않는다. 법으로 금지되지 않은 어떤 행위도 막아서는 안 되며, 누구도 법으로 규정되지 않은 행위를 강요받아서는 안 된다.

(……)

11조. 사상과 의견의 자유로운 소통은 인간의 가장 소중한 권리 가운데 하나이다. 따라서 모든 시민은 자유롭게 의견을 말하고 글을 쓰고 출판할 수 있다. 다만, 법에 규정된 경우에는 자유의 남용에 대해 책임을 져야 한다.

프랑스 대혁명 때 루이 16세의 처형 왕을 처형하고 시민이 스스로 정부를 구성한 프랑스 대혁명은 유럽 세계에 커다란 충격을 주었다. 주변 나라의 왕들은 혁명이 번질 것을 두려워해 프랑스를 침략했고, 시민들은 이를 막아 내느라 다시 피를 흘렸다.

이 내용은 1789년, 그러니까 지금부터 약 230여 년 전 프랑스 대혁명 직후에 발표된 '인간 및 시민의 권리 선언'(인권 선언)의 일부입니다. 어떤가요? 지금 우리가 봐도 부러울 만한, 현재 우리나라에서도 잘 지켜지지 않는 것 같아 부끄러운 내용이 많지 않나요?

하지만 프랑스의 시민 혁명도 많은 시민의 희생과 오랜 기간의 투쟁으로 얻은 성과였습니다. 혁명 당시의 희생은 물론이고 혁명의 파급을 두려워한 주변 왕국(오스트리아, 프로이센)의 침략을 막아 내는 일에도 민중이 목숨을 바쳤습니다. 그 뒤로 왕정과 공화정을 왔다 갔다 하는 과정에서도 많은 피를 흘렸습니다. 결국 최초 혁명에서 약 100년 가까운 세월이 흐른 1875년에 이르러서야 혁명의 숭고한 뜻을 올바로 계승한 공화국이 세워지게 됩니다.

프랑스 시민 혁명 외에도 주요한 시민 혁명이 또 있지요. 의회에서 군대를 움직여 전쟁 직전까지 갔지만 왕이 도망가서 프랑스처럼 피를 흘리지는 않았던 영국의 명예혁명이 있지요. 또 모든 권력은 국민의 동의에서 나와야 하고, 정부가 정당성을 잃을 때는 새로 조직되어야 하며, 정부는 국민의 안전과 행복을 도모해야 한다고 선언한 미국의 독립 혁명도 있습니다. 이것들을 일컬어 3대 시민 혁명이라고 합니다.

3대 시민 혁명은 왕이 지배하는 정치에서 벗어나 시민이 스스로 새로운 정부를 구성했다는 공통점이 있습니다. 우리나라에서는 굳건한 신분제와 봉건주의의 틀이 유지되고 있던 조선 왕조 후기에 이런 생각들을 하고 행동에 옮겼다는 것이 놀랍지 않나요?

특정 사람들에게만 선거권이 있다면?
≫ 선거권의 확대 과정

우리가 보통 민주주의 선진국이라며 꼽는 나라가 영국이나 프랑스 등입니다. 그런데 이 나라들에서 일정한 연령에 이른 남녀 모두 선거에 참여하는 보통 선거를 실시하게 된 시기는 언제일까요? 영국은 1928년, 프랑스는 1946년에 들어서야 보통 선거를 실시했습니다. 우리나라는 1948년 5월 10일 정부 수립을 위한 총선거가 실시될 때부터 모든 성인 남녀에게 선거권을 주었습니다. 민주주의 선진국보다는 늦은 편이지만, 민주주의를 도입한 시기에 견주면 이른 편이라고 할 수 있지요.

그럼 세계 주요 나라에서 보통 선거제를 도입한 시기는 언제일까요? 미국과 독일은 1920년에, 이탈리아와 일본은 1945년에 보통 선거를 실시합니다. 반면 그리스는 1951년에, 멕시코는 1953년에, 스위스는 1971년에야 보통 선거를 실시합니다. 우리보다도 더 늦지요.

심지어 일반적인 예상과 달리 아직도 보통 선거를 실시하지 않는 나라도 많습니다. 예를 들어 사우디아라비아를 비롯한 많은 이슬람 국가에서는 이슬람교를 믿지 않는 사람에게는 선거권을 주지 않습니다. 과테말라와 도미니카 공화국에서는 현역 경찰이나 군인들에게 선거권을 주지 않고, 앙골라와 나이지리아에서는 축구 선수나 야구 선수에게 선거권을 주지 않습니다. 브루나이에서는 선거

제도를 아예 폐지하기도 했습니다. 우리나라 사람들의 일반적인 상식으로는 '뭐 그런 나라가 다 있어?'라고 생각하기 쉽겠죠. 그렇지만 보통 선거 제도의 도입은 '쟁취'라는 표현이 사용될 정도로 극심한 투쟁의 산물입니다. 그것은 선거가 권력을 결정하는 중요한 과정이기 때문입니다.

영국에서도 시민 혁명 직후에 선거권을 지닌 이는 부자와 귀족 등 전체 인구의 겨우 2퍼센트에 지나지 않았습니다. 선거권이 전체 성인 남녀 모두에게 주어지는 데에는 240년 정도가 걸렸지요. 물론 이것도 수많은 사람들의 희생 위에 가능해진 일이었습니다.

하나의 예로 여성에게도 선거를 할 권리가 있어야 한다고 주장한 에밀리 데이비슨(1872~1913)을 들 수 있습니다. 그녀는 선거권을 달라며 시위를 벌이다 여러 차례 체포되기도 했습니다. 당시 영국에서는 여성이 선거권을 요구하다 경찰에게 체포되는 일이 종종 있었답니다. 이렇게 여성들의 목소리에 귀 기울이지 않고 입을 막으려 하자 에밀리 데이비슨은 결심을 합니다. 1913년에 국왕과 귀족들이 관전하던 경마 대회에서 여성의 선거권을 주장하기 위해 목숨을 걸고 국왕의 경주마에 몸을 던진 것이지요. 그녀는 결국 말발굽에 짓밟혀 숨을 거두었습니다. 그녀의 장례식장에는 수많은 여성이 모여들었고, 장례식은 시위가 되었습니다.

이 일을 계기로 영국 전역에서 여성 운동이 더욱 활발해졌고, 평등한 권리를 찾기 위한 여성들의 노력은 끈질기게 이어졌습니다. 드디어 1918년에는 30세 이상 여성이, 1928년에는 21세 이상 모든 여성이 남성과 동등한 선거권을 갖게 되었습니다. 이것은 선거권

경찰에 체포되는 여성 참정권 운동가 영국의 여성 참정권 운동을 이끈 에멀린 팽크허스트 (1858~1928)가 경찰에 체포되는 장면이다. 참정권이란 선거권을 비롯해 정치에 참여할 권리를 말한다.

경주마에 몸을 던진 에밀리 데이비슨 여성의 참정권 요구를 들어주지 않고 여성의 입을 막으려고만 하자 에밀리 데이비슨은 국왕의 경주마에 뛰어들어 항의 의사를 표시했다.

획득이 시간이 지나면 저절로 이루어지는 것이 아님을, 그리고 민주주의의 역사는 피와 땀으로 이루어지는 것임을 보여 주는 상징적인 사건이라 할 수 있습니다.

학교 일을 전교생이 모여 결정한다?
》 직접 민주제, 간접 민주제

여러분 학교는 전교생이 몇 명인가요? 천 명이 좀 넘나요? 이 학생들이 다 모여서 학교 일을 상의하고 결정할 수 있을까요? 아마 수학여행을 어디로 갈지 결정하기도 힘들 겁니다.

얼마 전 우리나라 인구가 5천만 명을 넘어섰다는 뉴스가 있었습니다. 영토에 비해 꽤 많은 수입니다. 우리나라에서 국민의 의사는 정치에 어떻게 반영될까요? 물론 가장 좋은 방법은 고대 그리스의 도시 국가에서처럼 모든 구성원이 한곳에 모여 토론을 벌이는 것입니다. 그러나 우리나라에서 가장 큰 경기장이 대구에 있는 월드컵 경기장인데, 수용 인원이 약 7만 명이라니 전 국민이 모이기에는 어림도 없겠지요? 또 다 모인다 한들 토론이나 합의가 가능할까요? 아마 현실적으로 불가능할 것입니다.

그래서 오늘날 대부분의 나라에서는 전 국민이 다 모여서 국가의 문제를 해결하는 직접 민주제보다는, 국민들이 자신의 의사를 대변할 대표를 뽑고 그 대표들이 국가의 문제를 논의하여 결정하는 간접 민주제 방식을 채택하고 있습니다. 간접 민주제는 대표를 뽑아 정치를 담당하도록 맡기기 때문에 대의 민주제 또는 대표 민주제라고도 합니다.

물론 민주주의의 기본 원리에 충실한 것은 직접 민주제이지만, 영토가 넓어지고 인구가 많아진 현대 사회의 특성상 어쩔 수 없이 간접 민주제를 실시하게 된 것입니다.

그런데 만일 뽑아 놓은 대표가 혼자서만 결정하기에는 너무나도 중요하고 모든 구성원에게 영향을 끼치는 일이 생긴다면 어떻게 해야 할까요? 그런 때를 대비하여 우리나라를 비롯한 많은 나라들에서 간접 민주제를 운영하면서도 국민들의 의사를 반영하는 직접 민주제 방식을 혼합해 운영하고 있습니다. 우리 헌법 72조에서는 "대통령은 필요하다고 인정할 때에는 외교·국방·통일 기타 국가 안위에 관한 중요 정책을 국민 투표에 붙일 수 있다."고 규정하고 있습니다.

동시에 간접 민주제의 단점을 보완할 필요도 있습니다. 만약 선거 때 반 학생들의 의견을 잘 반영해서 일을 하겠다고 약속한 친구를 반장으로 뽑았는데, 뽑히고 나서는 언제 그랬냐는 듯이 선생님 의견만 따라 한다고 해 봐요. 참 얄밉겠죠. 이럴 때는 어떻게 해야 할까요? 손쓸 방법이 없을까요?

현실 정치에서도 국민이 뽑은 대표가 막상 뽑히고 나서는 자기가 한 약속을 지키지 않거나 국민의 의사와 동떨어진 결정을 내리는 경우가 종종 있습니다. 이럴 때 그 대표를 꾸짖거나 내쫓는 장치가 몇 가지 있습니다. 여론을 조성해서 공직자의 잘못을 들춰내기도 하고, 주민 소환제나 탄핵 같은 방법으로 부적합한 공직자를 내쫓기도 합니다. (주민 소환제는 155쪽에서, 탄핵은 198쪽에서 따로 설명하겠습니다.)

하지만 민주주의 원리에 충실한 것은 역시 직접 민주제라고 할 수 있지요. 앞에서 예로 든 수학여행과 관련해서도 학생들이 다 모여서 정하기 힘들다는 얘기일 뿐이지, 설문 조사 등을 통해 학생들의 의견을 반영해서 장소를 결정하는 학교가 많습니다. 정부 정책도 사전에 공청회˙ 등으로 국민의 의견을 듣고, 요즘에는 인터넷으로 국민의 이의 신청을 받아 주는 등 최대한 국민의 의견을 듣는 방법이 있습니다. 요즘같이 소통 수단이 발달한 때에 되도록이면 국민의 의견을 많이 듣고 이를 정책에 반영하는 정치, 꼭 필요하죠!

공청회 국가 또는 지방 자치 단체 등 공공 기관이 어떤 사안을 결정하기 전에 공개적으로 시민들의 의견을 듣는 모임을 말한다. 국민적인 관심의 대상이 되거나 사회에 많은 영향을 끼치는 정책을 결정하기 전에 다양한 사람들의 의견을 듣는 자리이다.

2

올바른
정치 참여는
어떻게?

살색을 살구색으로

》 정치 참여와 참여 민주주의

여러분은 '살색'이라는 말을 들어 봤나요? 요즘은 '살구색'이라고 하죠? 살색은 예전에 우리나라 사람들을 기준으로 사람의 피부색을 가리키는 말이었어요. 그런데 그렇게 되면 우리와 피부색이 다른 백인이나 흑인의 피부는 사람의 색깔이 아니라는 말이 될 수 있겠죠. 그래서 목사님 한 명과 피부색이 우리와 다른 외국인 노동자 3명이 '크레파스 색깔 가운데 특정 색을 살색이라고 표현하는 것은 인종 차별'이라며 국가 인권 위원회라는 곳에 고쳐 달라고 요청했어요. 이 요청이 받아들여져 2002년부터 살색이 연주황색으로 바뀌었습니다. (이렇게 국가 기관에 요청하는 권리를 청원권이라고 하는데, 국민의 기본권 가운데 하나인 이 권리에 대해서는 161쪽에서 설명합니다.)

그런데 2년 뒤 살색을 고쳐 달라고 했던 목사의 큰딸(당시 중학교 1학년)과 둘째 딸(당시 초등학교 5학년)이 국가 인권 위원회를 찾았습니다. 이들은 연주황색이 한자어 표기여서 그 뜻을 쉽게 알 수

국가 인권 위원회 모든 인간이 가지는 침해할 수 없는 기본 인권을 보호하고 그 수준을 향상시킴으로써 인간의 존엄과 가치를 구현하기 위해 설립된 국가 기관이다. 2001년 김대중 정부 시절에 출범한 독립적인 성격의 기관이다. 인권 보호와 향상에 관한 모든 사항을 다루며, 특히 인권 침해와 차별 행위에 대한 조사와 구제 조치를 중점적으로 시행한다.

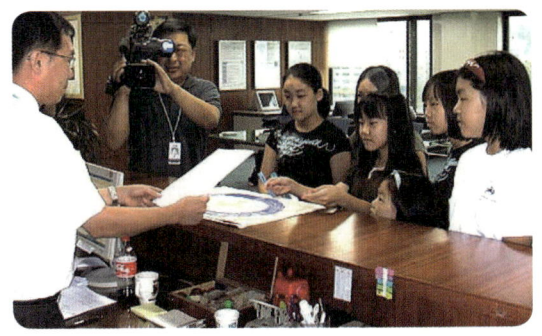

국가 인권 위원회를 찾아 간 어린이들 연주황은 한자어라 어린이들에게 차별이라며 살구색으로 바꿔 달라는 청원서를 전달하는 모습이다. ⓒ 조호진

없는 어린이들에 대한 또 다른 차별이자 인권 침해이므로 살구색 같은 쉬운 표현으로 바꿔 달라고 요청했어요. 이 요청 또한 받아들여져 지난 2005년부터 살구색이라는 표현이 공식적으로 쓰이고 있답니다.

이뿐만이 아닙니다. 지금은 학생 인권 조례나 학생 인권 규정이 있어서, 여러분은 부모님 세대보다 외모에 간섭을 덜 받지요. 이렇게 되기까지는 여러분의 선배 학생들, 즉 기성세대들의 피땀 어린 노력이 있었다는 것을 잊지 말아야 합니다. 두발과 복장의 자유를 위해서 손 팻말을 들고 거리 시위에 나섰던 여러분의 선배들이 있었기에, 지금 여러분이 조금은 진전된 자유를 누릴 수 있게 된 것이죠. 그렇지만 아직도 학교생활에 불만이 많지요? 이제는 머리를 염색하고 싶은가요? 아니면 파마? 또는 강제로 이루어지는 자율 학습이나 보충 수업 등을 하지 않으면 좋겠어요?

그런데 정치하는 분들은 왜 여러분의 어려움이나 고충에 관심을 기울이지 않을까요? 왜 여러분의 얘기를 들으려 하지 않는 것일까요? 그것은 바로 청소년 대다수에게 투표권이라는 무기가 없기 때문입니다.

2002년 대통령 선거에서 1위 당선자와 2위 낙선자 사이의 표 차가 57만여 표, 2012년 대통령 선거에서 1위 당선자와 2위 낙선자의 표 차가 약 100만 표였습니다. 그럼 전국의 고등학생 수는 얼마나 될까요? 2012년 기준으로 약 192만 명입니다. 대통령 선거의 당락을 가를 정도로 많은 수이지요. 만약 고등학생에게 투표권이 주어진다면 학생들의 생활은 어떻게 바뀔까요? 아마도 대통령 후보나

국회 의원 후보들이 고등학생 유권자들의 목소리를 듣기 위해 너도 나도 학교 현장을 찾아 학생들의 어려움이 무엇인지 귀 기울일 겁니다.

이와 같은 이유로 투표 연령을 18세로 낮춰야 한다는 운동들이 끊임없이 이어졌고 그 결과 선거법 개정이 이루어져 2020년 고3인 만 18세부터 투표권을 가질 수 있게 되었습니다. 그러면 18세 미만의 학생들은 투표권이 주어질 때까지 잠자코 있어야만 할까요? 그렇지는 않겠지요.

앞에서 살색을 살구색으로 바꾸기 위한 평범한 시민들의 노력과 이런 노력이 결실을 맺는 과정을 보았죠. 민주주의는 애초에 시민의 참여를 바탕으로 하는 것인데, 오늘날 간접 민주제에서는 시민들이 선거를 통해 권력을 선출하는 일에만 관심을 두는 경우가 있습니다. 단지 선거만 하는 것이 아니라 그 권력에 적극적으로 의사를 표현하거나 쌍방향 교류를 통해 정치에 참여하는 것을 참여 민주주의라고 합니다. 최근에 인터넷이나 소셜 미디어를 통해 이런 일들이 훨씬 쉬워진 것도 참여 민주주의가 활성화되는 계기가 되었답니다.

민주주의에는 공짜가 없습니다. 무엇인가 나에게 필요한 권리를 얻기 위해서는 목소리를 내야 하고, 때로는 희생이 있어야만 얻을까 말까 한 것이 민주주의입니다. 어렵지요? 그러나 권리는 외치는 자에게만 주어집니다. "우는 아이 젖 준다."는 우리 속담은 괜히 나온 것이 아니랍니다.

민주주의는 내 몸과 마음의 자유로부터!

>> 두발 자유화 운동

"개인의 개성을 존중하지 않는 학교는 제 기능을 하고 있는 것이 아니다!"

"학생의 인권 무시하는 두발 규정 당장 철폐하라!"

"공부 잘하는 거랑 머리 긴 거랑 무슨 상관이냐?"

"세종대왕은 머리가 길었는데 한글만 잘 만들었다!"

위 구호는 2005년 5월 14일 두발 자유를 외치는 학생들의 집회에서 나온 것입니다. 그동안 교육의 대상으로만 여겨졌던 청소년들이 이날 스스로의 요구를 당당히 외치며 거리로 나섰고, 전투 경찰이 막으며 못하게 해도 물러서지 않고 교육부를 향해 자신들의 의사를 당당하게 주장했습니다.

물론 이때가 두발 자유화 운동의 처음은 아닙니다. 오래전부터 신체의 자유를 누리고 싶어 한 중고생들이 개별적이고 산발적으로 항의 표시를 해왔습니다. 그렇지만 학생들의 움직임이 조직적이고 광범위해진 것은 이때부터입니다. 2005년 5월 송파구의 한 고등학교에서는 학생들이 운동장으로 일제히 종이비행기를 날리며 두발 자유화를 요구했고, 같은 해 성남의 한 고등학교에서는 학생들이 운동장으로 나와 항의 시위를 벌이기도 했습니다. 이 밖에 학교에 항의 글을 게시한 학생에 대한 처벌 문제를 둘러싼 논란도 벌어졌고, 2006년에는 한 중학교에서 집단 항의가 발생해 주동 학생들

두발 자유의 염원을 담은 종이비행기를 날리는 학생들 서울의 한 고등학교 학생들이 두발 제한 폐지를 요구하는 문구를 적은 종이비행기를 날리며 시위를 벌였다.

이 학생부 선생님들에게 체벌을 당하는 일도 발생했습니다.

학생들은 두발 자유화 운동을 거치면서 자신의 권리에 눈뜨고, 자신의 생활 속에서 민주주의를 체험하기 시작했습니다. 이는 0교시 문제, 야간 자율 학습 문제, 보충 수업 문제 등등 학생의 기본 권리 차원의 문제로 확대되었습니다. 두발 자유화 문제는 일회적으로 끝나는 운동도 아니고, 단지 머리카락을 기르겠다는 주장으로 끝나는 문제도 아니었습니다.

그런데 들불처럼 타오르던 두발 자유화 운동도 각 시도 교육청에서 학생 인권 조례를 제정하려 하고 사회가 민주화의 길로 좀 더 나아가는 것으로 보이자 한동안 잠잠해졌습니다. 그렇게 학생들이 조용해지자, 지금은 교육부에서 각 학교의 학칙으로 두발이나 복장, 학생 인권을 다룰 수 있다는 초중등교육법 시행령을 공포했습니다. 학생의 인권 문제를 학교장에게 맡김으로써 사실상 학생 인권 조례를 무력화하는 조치를 취한 것입니다.

자! 이제 이 문제의 당사자인 우리 학생들은 어떤 시각과 생각을 가져야 할까요? 2005년 당시 두발 자유화 운동을 평가한 한 학생의 다음 말이 학생 인권 운동의 본질을 잘 말해 준다고 하겠습니다.

개인의 인권과 자유를 무엇보다도 중요하게 여기는 민주주의 국가에서 왜 우리는 우리가 누릴 최소한의 자유조차 누리지 못하는 것인가? 우리가 움직이지 않기 때문이다. 왜 우리는 우리의 머리조차 마음대로 기르지 못하고, 우리가 하기 싫은 공부를 억지로 하고 있어야 하며, 매를 맞고, 수행 평가에 밤을 새워야만 하는가? 우리가 움직이지 않기 때문이다. 행동하는 자만이 세상을 바꿀 수 있다.

의사 표시가 없으면 "뜻대로 하소서!"가 된다고?
≫ 참여에 따른 정책 결정

학년 초가 되면 담임 선생님이 여러분에게 묻습니다. "올 한 해 우리 반을 어떻게 운영하면 좋을지 말해 보세요!" 그러나 학생들이 아무 말도 하지 않는다면 선생님도 별수 없이 혼자 생각하고 혼자 결정한 규칙을 학생들에게 강요하게 될 겁니다. 그러다 보면 지각하는 학생들에게 가혹한 처벌을 내릴 수도 있고, 청소 구역을 나누는 데에 불공평할 수도 있겠죠. 한번 정한 것은 여러분이 불만을 나타내지 않는다면 1년 동안 그대로 이어질 겁니다. 그리고 나중에서야 불만을 나타내면 선생님은 이렇게 말하겠죠. "그러게 그동안 내가 말하라고 했잖아? 왜 이제 와서 불만이니?"라고 말입니다.

정치도 마찬가지입니다. 구성원들이 의견을 나타내고, 이것을 끊임없이 반영해야 바람직한 정치가 됩니다. 가장 기본적인 정치 참여는 역시 선거입니다. 대표를 뽑거나 어떤 제도를 선택하는 선거에 참여함으로써 우리 의견을 나타내는 것이죠. 그렇지만 선거는 몇 년에 한 번씩 실시하므로, 이것만으로 우리의 의견을 모두 전달하기에는 한계가 있습니다. 국회 의원 선거는 4년에 한 번, 대통령 선거는 5년에 한 번 치르는데, 뽑아 놓기만 한다고 우리의 의견을

다 표시했다고 볼 수는 없는 거죠.

　그럼 어떻게 해야 할까요? 뽑아 놓은 대표가 우리 의사대로 잘 움직이고 있는지 감시하고 바르게 이끌어 가야 하는 것이 우리의 권리이자 의무입니다. 특히 우리나라 대통령의 경우 5년 단임제이기 때문에, 다음번에는 대통령에 나설 일이 없다는 이유로 자신의 임기 동안 국민들의 뜻과는 다른 일들을 많이 하기도 합니다. 이런 잘못된 경우라든가 또는 선거 때 했던 약속, 즉 공약을 지키지 않는 대표가 있다면 이것을 어떻게 할지 모여서 의논도 하고(집회), 다 함께 찾아가서 항의도 하며(시위), 또 신문이나 방송 등 언론에도 알려 잘못된 점을 지적해서 바로잡도록 노력해야겠지요.

　이것은 꼭 정치에만 해당하는 문제는 아닙니다. 여러분이 아르바이트를 하다가 부당한 일을 당할 수도 있고, 학교생활 규정에 문제가 있다고 생각할 때도 있겠죠? 이럴 때 여러분의 생각을 표현하고 시민 단체나 언론에도 알려 보세요. 이런 일은 꼭 어른들만 할 수 있는 건 아니랍니다!

> **단임제** | 대통령의 임기를 단 한 번으로 제한하는 제도. 우리나라는 계속된 장기 독재 때문에 대통령의 임기를 한 번으로 제한하는 제도를 도입했다. 반면 두 번 이상 할 수 있는 제도를 연임제라고 한다.

반장은 누가 뽑는 것이 좋을까?

〉 선거의 의미와 기능

여러분 학급의 반장은 누가 뽑나요? 여러분 부모님 때만 해도 그냥 담임 선생님이 지명하는 학생이 반장이 되는 것이 일반적이었습니다. 그렇지만 요즘은 대부분의 학교에서 학생들이 직접 반장을 뽑죠. 둘의 차이점은 뭘까요? 바로 누구의 의견을 더 따르느냐에 있습니다. 즉 담임 선생님이 지명한 반장은 당연히 담임 선생님의 의견을 더 따를 수밖에 없을 테고, 학생들이 직접 뽑은 반장이라면 좀 더 학생들 의견에 귀 기울이지 않을까요?

정치에서 선거의 의미도 마찬가지입니다. 나라의 주인인 국민의 의견을 가장 잘 구현해 낼 사람을 국민의 손으로 직접 뽑는다는 것이 선거의 의미이고, 그래서 나서는 후보들마다 자신이야말로 '국민의 심부름꾼'이라면서 소중한 한 표를 자기에게 던져 달라고 호소하는 것입니다.

그럼, 선거는 어떤 기능과 역할을 할까요?

가장 중요한 기능은 국민의 대표를 뽑는 것입니다. 나라의 주권, 즉 주인 된 권리는 국민들에게 있고 그 국민들의 의견을 받들어 실천할 대표를 뽑는 것이 바로 선거입니다. 선거는 요즘 같은 간접 민주제에서 가장 중요한 행위라고 할 수 있습니다.

둘째는 그 과정을 바탕으로 국민들이 주권을 가진 주인으로서 정치에 참여하게 된다는 것입니다. 선거를 통해 자연스럽게 국가의 정책 결정 과정에도 참여하게 되죠. 예를 들어 가 후보가 내세운 공약과 나 후보가 내세운 공약을 검토하여 가 후보를 선출했다고 가정해 봐요. 그러면 국가 정책으로 자연스럽게 가 후보의 공약이 채택되고, 이것이 국민의 뜻이 되는 것이죠. 그래서 "선거를 통해서 국민에 의한 지배가 실현된다."고 말하는 겁니다.

셋째는 민주적인 절차에 따라 뽑힌 정권에 합법성과 정당성을 부여한다는 것입니다. 합법적이고 정당한 절차를 거쳐 국민 다수의 선택을 받은 정치권력은 떳떳하게 역할을 수행할 수 있겠지요.

마지막으로 선거는 권력을 통제하는 기능을 합니다. 우리나라의 대통령 제도는 단임제이지만, 그 대통령이 임기 동안 국민들의 뜻을 잘 받들어 국가를 운영했다면 다음번 선거에서 그 대통령이 몸담고 있는 정당의 후보가 또 선출되겠지요. 그러지 못했다면 다른 정당의 대표가 대통령에 선출되겠지요. 이것은 국회 의원이나 그 밖의 선거에서도 마찬가지입니다. 이런 과정에서 자연스럽게 국민이 권력을 통제하게 되는 것입니다.

이와 같이 선거는 현대 민주 정치에서 가장 중요한 기능을 담당하는 도구입니다. 그러니 누구나 빠짐없이 이 중요한 권리를 행사하는 것이 국민의 당연한 도리겠지요. 자, 여러분도 얼른 선거권이 생겨 투표를 하고 싶어지지 않나요?

국민의 손으로 뽑을 수 있는 사람은?

>> 우리나라 선거의 종류

여러분은 누구누구를 직접 뽑아 봤나요? 반장, 부반장, 학생회장? 또 누가 있나요? 동아리 회장이나 청소 반장? 담임 선생님도 학생들이 직접 선택하면 어떨까요? 언젠가 어떤 학교에서 담임 선생님을 학생들이 직접 선택하게 했다가, 그건 아니라는 대다수의 여론에 밀려 접은 적이 있어요. 어때요, 여러분은 찬성인가요?

자, 그럼 어른들은 누구누구를 뽑을까요? 가장 먼저 생각나는 사람은 누구인가요? 바로 대통령이죠. 우리나라 대통령은 현재 임기가 5년이고 한 번만 할 수 있도록 정해 놓았습니다. 예전에는 두 번이나 세 번도 할 수 있었지만 임기가 길어질수록 독재를 하게 되었죠. 그래서 1980년 헌법 개정 때 두 번 세 번 할 수 없도록 7년 단임제로 바꾸었고, 1987년 6월 민주 항쟁* 이후에는 다시 대통령의 임기를 5년으로 줄이고 국민이 직접 뽑게 했습니다. 그래서 지금까지 대통령 선거는 5년마다 한 번씩 치르고 있습니다.

6월 민주 항쟁 1987년 6월, 군사 독재 정권에 맞서 전국에서 국민들이 들고일어나 민주화를 요구하며 벌인 항쟁이다. 1980년 무력으로 정권을 잡은 전두환 일당이 계속 권력을 쥐려 하자, 이에 반발하여 서울의 명동 거리 등을 점거하고 연일 시위를 벌이며 민주화를 요구했다. 이 항쟁에 굴복한 전두환 정권은 각종 민주화 조치를 시행했으며, 국민은 대통령을 직접 뽑는 권리를 되찾게 되었다.

다음은 누가 있을까요? 국회 의원이 있죠. 국회 의원은 4년마다 한 번씩 뽑습니다. 국회 의원은 몇 번만 할 수 있다는 규정이 없습니다. 국민의 선택을 받을 수 있다면 여러 번 할 수 있지요. 이런 것을 두고 "연임이 가능하다."고 합니다. 우리나라에서는 무려 9번이나 국회 의원을 한 사람도 있어요. 단순히 계산해 봐도 30년을 훌쩍 넘는 세월 동안 국회 의원을 했다는 것이니 놀랍죠? 그러면 국민의 대표를 오랫동안 했으니 훌륭한 사람이라는 뜻일까요? 글쎄요, 그건 그분들이 어떻게 선출되었는지, 또 국회 의원으로서 어떤 활동을 했는지에 따라 다르게 평가되겠지요.

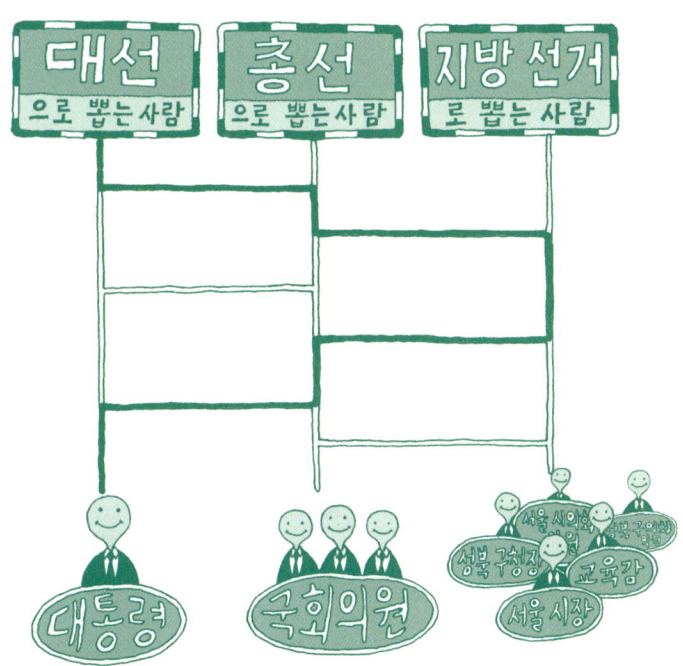

국민들이 선출하는 대표로는 또 지방 자치 단체장과 지방 의원이 있어요. 대통령과 장관으로 구성된 행정부가 국가 전체를 놓고 일하는 중앙 정부라면, 여러분이 사는 각 시와 도, 그리고 군이나 구의 행정 업무를 보는 단위를 지방 정부라고 합니다. 이 지방 정부의 일을 책임지는 사람이 지방 자치 단체장과 지방 의원입니다. 지방 자치 단체장에는 시장, 도지사, 군수, 구청장이 있고, 지방 의원에는 시 의원, 도 의원, 군 의원, 구 의원이 있습니다. 쉽게 설명하자면 중앙 정부의 대통령에 해당하는 사람이 지방 정부의 자치 단체장이고, 중앙 정부의 국회 의원에 해당하는 사람이 지방 의원입니다. 아무튼 이 사람들을 뽑는 선거가 4년에 한 번씩 치러집니다.

이러한 각종 선거를 구별하기 쉽게 대통령 선거는 '대선', 국회 의원 선거는 '총선', 지방 자치 단체 선거는 '지방 선거'라고 줄여 부릅니다. 알아 두면 좋겠죠?

아, 참! 마지막으로, 지난 2007년부터는 이른바 교육 대통령으로 불리는 교육감도 주민 직접 선거로 선출하게 되었습니다. 어쩌면 여러분에게는 대통령보다도 교육감이 누가 선출되느냐가 더 중요할 수 있을 거예요. 그러니 부모님께도 공약을 잘 살펴보고 훌륭한 사람을 뽑으시라고 말씀드리는 것이 좋겠죠.

교육감 특별시와 광역시, 각 도의 교육 행정 업무를 책임지는 직책. 특목고나 자사고의 설립 지정권, 평준화 여부 결정권, 교육 예산 편성권, 교원 인사권, 학원 심야 운영 규제권 등 교육 행정과 관련해서 큰 권한이 있다.

학생은 왜 교육감 선거를 못하지?

» 교육감 선거

우리나라 선거 연령은 (만)18세 이상입니다. 2019년까지 (만)19세 이상을 고집하다가 20대 총선을 앞둔 2020년 1월에 와서야 (만)18세 이상으로 선거법을 바꾸었는데요, 그럼 우리나라에서는 왜 오랫동안 선거 연령을 굳이 19세 이상으로 유지했을까요? 19세라는 숫자에 특별한 이유는 없었습니다. '고등학생까지는 아직 성숙하지 못해서 대표를 뽑는 일에 합리적이고 이성적으로 접근하지 못할 거야!'라거나, '수능에 집중해야 하는 고3 교실이 정치판이 되어서는 곤란해!'라는 선입견이 작용한 결과죠. 그런데 과연 정말 그럴까요?

먼저, 오른쪽에 나온 세계 여러 나라의 선거 연령을 참고해 봅시다. 어때요? 다른 나라들보다 우리나라의 선거 연령이 늦은 편이었지요? 세계적으로도 선거 연령을 점차 낮추는 추세입니다. 2019년도 기준으로 전 세계 232개국 가운데 88.8퍼센트를 차지하는 206개국이 선거 연령을 18세로 하고 있으며 심지어 16세나 17세에 선거권을 주는 나라들도 있습니다. 선거권이 있는 다른 나라의 16세, 17세보다 우리나라 청소년들이 미성숙하다는 사실을 증명할 수 있을까요?

우리나라의 최초 선거 연령은 1948년 선거 당시 21세였습니다. 그러다가 1960년 20세로 낮아졌고, 2005년에 다시 19세로 낮아졌

세계 여러 나라의 선거 연령　　　　　　　　　　　　중앙 선거 관리 위원회

선거 연령	국가
16세	브라질, 니카라과, 쿠바, 오스트리아
17세	북한, 인도네시아, 그리스, 동티모르
18세	한국(2020), 일본(2015), 영국, 미국, 독일, 프랑스, 캐나다, 노르웨이, 네덜란드, 오스트레일리아, 뉴질랜드, 스위스, 벨기에, 불가리아, 체코, 덴마크, 핀란드, 그리스, 온두라스, 이탈리아, 칠레, 우크라이나, 베네수엘라, 몽골, 태국, 인도, 방글라데시, 스리랑카, 멕시코, 이집트, 이란, 이라크, 이스라엘, 터키, 예멘, 알제리, 앙골라, 가나, 우간다, 케냐, 볼리비아, 도미니카, 에콰도르, 엘살바도르, 쾨테말라, 아이티
20세	대만, 카메룬

다가 2020년에 18세가 되었습니다. 이런 점을 감안하면 더 낮아지지 말라는 법도 없다는 것을 알 수 있죠.

　이렇게 선거 연령이 낮아지는 일도 많은 사람들의 노력이 있었기에 가능했습니다. 지난 2006년에는 지방 선거를 앞두고 흥사단 교육 운동 본부, 21세기 청소년 공동체 희망, 한국 YMCA 전국 연맹, 대한 YWCA 연합회 등 40여 개 단체가 모여 18세 청소년에게까지 투표권을 달라고 한목소리를 내며 여러 활동을 벌였습니다. 당시 이 운동의 대표는 17~19세인 각 단체의 청소년 회원들이었습니다. 무엇보다 문제가 되었던 것은 교육 행정에 총책임을 지는 교육감 선거에서 학생들이 선거권을 행사할 수 없다는 점이었습니다.

　흔히 교육의 주체를 말할 때 학생, 학부모, 교사를 꼽습니다. 그런데 이 가운데 학생에게만 교육감 선거에 참여할 권리를 주지 않았습니다. 교육의 당사자인 학생들에게 어떤 교육이 필요한지 선택할 기회를 주어야 마땅하지 않았을까요? 그래서 2013년 2월 국가

교육감 후보에게 인권 개선 등을 요구하는 학생들 학생들이 교육감 선거에 나선 후보들에게 인권 개선 등에 관심을 가져달라며 손 팻말을 들고 있는 모습이다. 교육의 당사자인 학생들에게 교육감 선거권이 없는 것은 문제가 아닐까? © 윤근혁

인권 위원회에서도 선거 연령을 낮출 것을 권고했습니다. 선거는 국민 주권을 행사하는 가장 중요한 방법이기 때문에 기본권을 보장하기 위해 선거 연령을 낮출 필요가 있다고 권고한 것입니다. 특별히 교육감 선거와 관련해서는 "교육감 선거는 다수의 청소년이 직접 영향을 받지만 선거에 참여할 수 없다."고 하여 대한민국의 인권을 총책임지는 국가 기구가 입법부와 행정부 등에 청소년이 교육감 선거에 참여할 수 있도록 하라는 견해를 밝힌 겁니다.

이렇게 본다면 교육감 선거에 학생들의 참여를 보장한 법률 개정이 왜 필요했는지가 잘 설명되겠죠? 학교에서 가장 많은 시간을 보내는 학생들의 의사가 반영된 교육 정책이 펼쳐져야만 학생들이 가고 싶고, 즐겁게 지낼 수 있는 학교가 만들어질 테니까요! 이후 2017년에 청소년 참정권을 목표로 하는 '촛불 청소년 인권법 제정 연대'가 설립됐고, 이런 노력들이 합해져서 결국 2년여 만에 선거권을 18세로 낮추는 성과를 이룬 것입니다.

쉿, 누굴 뽑았는지 알리면 안 돼!

》 선거의 4대 원칙

여러분은 반장 선거 때 어떤 방법으로 투표를 했나요? 손을 들어서 후보에 대한 찬성과 반대 의견을 표시했나요? 아니면 종이에 기호만 적어서 비밀 투표를 했나요? 원칙적으로 어느 것이 맞을까요? 물론 비밀 투표가 맞지요. 왜 그럴까요? 만일 내가 누구를 찍었는지 밝혀진다면 그 사람이 선출되건 안 되건 문제가 생길 수도 있겠죠? 내가 찍지 않은 사람이 반장이 된다면 나를 미워하여 불이익을 줄 수도 있을 테고, 또 내가 찍은 사람이 반장이 된다면 나에게 특별한 이익을 주려고 할 수도 있으니까요.

어른들의 선거에서도 마찬가지입니다. 대통령과 국회 의원은 국민의 대표이기도 하지만 막강한 권력을 가지고 있기 때문에 누가 누구를 찍었는지 밝히지 않을 필요가 있습니다. 그래야 내가 누군가에게 마음 놓고 투표할 수 있겠죠. 이것이 비밀 투표의 원칙입니다.

다음으로 알아볼 것은 보통 선거의 원칙입니다. 이것은 일정한 연령에 다다른 성인 남녀 누구에게나 선거권을 주어야 한다는 원칙으로, 우리나라는 해방 후에 미국식 정치 체제를 받아들이면서 자연스럽게 이 원칙도 받아들였습니다. 그렇지만 역사적으로 보면 민주주의가 발전하면서 오랜 시간에 걸쳐 많은 희생을 치르고서야 얻을 수 있는 권리였다는 것, 잘 알고 있죠? 앞에서도 말했지만 우리나라에서는 과연 선거권을 19세 이상에만 주는 것이 합리적이냐를 둘러싸고 논란을 벌인 끝에 18세 이상에게 선거권을 주는 것으로 법을 바꾸었습니다. 겨우 일부 고등학생에게 선거권이 주어진 셈이지요. 여러분에게도 선거권이 주어진다면 올바른 의견을 제시하는 바람직한 후보에게 한 표를 던질 자신이 있나요?

세 번째로 알아볼 것은 직접 선거의 원칙입니다. 누가 몸이 아프다거나 귀찮다는 이유로 다른 사람이 선거를 대신하게 한다면 어떤 결과가 올까요? 아마도 실제로 아픈 사람이 아니어도 선거권을 사고팔거나 권력을 가진 사람이 협박으로 선거권을 가져가는 일이 생길지도 모릅니다. 그래서 직장 생활이나 대학교 생활을 위해 집을 떠나 있는 사람들에게 생활하고 있는 곳에서 미리 사전 투표를 하게 할지언정 대신 투표하는 것은 인정하지 않는 것입니다.

마지막으로 알아볼 것은 평등 선거의 원칙입니다. 학교에서 학생들에게 정치를 가르치는 선생님은 다른 사람들보다는 정치에 대해서 조금 더 잘 알겠죠? 그러면 다른 사람들보다 선거에서 더 많은 표를 행사해야 할까요? 그렇게 따진다면 부자들은 다른 사람들보다 세금을 더 많이 내니까, 의사나 판사들은 공부를 더 많이 했으니까, 남들보다 더 많은 표를 행사해야 한다고 주장할 수 있겠죠? 실제로 선거권이 주어졌는데도 기권하거나 무관심으로 일관하는 사람들보다는 정치에 관심이 많고 훨씬 더 많이 참여하는 사람에게

사전 투표 선거일 이전에 투표를 할 수 있도록 하는 제도로, 선거 당일 투표가 어려운 유권자를 위해 도입되었다. 특별한 이유가 없어도 누구나 사전 투표 기간(선거일 전 5일부터 이틀) 동안 전국 읍·면·동에 설치된 어느 사전 투표소에서나 투표할 수 있다.

정치적 권한을 더 주자는 말은 일리 있어 보이기도 합니다.

　그러나 우리가 말하는 민주주의는 가진 사람만을 위한, 또는 아는 사람만을 위한 민주주의가 아닙니다. 배웠건 못 배웠건 가졌건 못 가졌건 누구나 똑같은 권리가 있고, 그 권리를 주장할 수단도 똑같이 가지는 것이 지금 우리가 누리는 민주주의 체제의 장점입니다. 수백, 수천 년 동안 인류가 살아오면서 그래도 가장 올바르다고 생각되어 채택한 것이 민주주의 체제죠. 이것이 바로 평등 선거가 필요한 이유입니다.

반장은 반에서, 학생회장은 학교 전체에서

» 선거구

반장은 한 반을 대표하는 사람으로 당연히 반에서 뽑습니다. 학생회장은 학교 전체에서 한 명을 뽑지요. 이와 같이 대표를 뽑는 단위를 선거구라고 합니다. 그런데 어떤 학교에 반마다 인원이 다르다면 어떻게 될까요? 예를 들어 어떤 반은 50명 중에서 반장 한 명을 뽑고, 다른 반은 25명 중에서 한 명을 뽑는다면, 이렇게 뽑힌 반장들은 동일한 대표성을 띠게 될까요? 어쩌면 50명 중에서 뽑힌 반장은 25명 중에서 뽑힌 반장을 반쪽짜리라고 무시할지도 모릅니다. 이런 문제를 막기 위해 우리나라 선거 제도에서는 대표를 뽑는 단위를 최대한 공정하게 나누기 위해 선거구를 법으로 정합니다. 이것을 선거구 법정주의라고 합니다.

각 반의 반장을 뽑는 것이라면, 각 반의 인원을 비슷하게 맞추기만 하면 간단히 해결되겠지요. 그러나 한 나라 안에서 선거구를 정하는 것은 훨씬 복잡합니다.

선거구를 정하는 기준이 되는 것에는 무엇이 있을까요?

먼저, 20대 국회 기준으로 우리나라의 국회 의원 수는 300명입니다. 이 중에서 각 지역에서 당선되는 국회 의원의 수는 253명입니다. 따라서 지역 선거구 수는 253개입니다. (나머지 국회 의원 47명에 대해서는 74쪽 비례 대표제에서 설명하겠습니다.)

선거권이 있는 사람(유권자)의 수는 2017년 대통령 선거 기준으로 약 4243만 명이었습니다. 이를 선거구 수 253으로 나누면, 한 선거구당 16만 8천 명 정도가 됩니다. 그런데 우리나라 사람들이 전체 국토에 골고루 살고 있는 것이 아니어서 문제가 됩니다. 바둑판에 줄을 긋듯이 똑같은 면적으로 선거구를 나눌 수 없는 거지요. 도시에는 인구가 밀집해 있고 농어촌에는 인구가 적기 때문에, 결국 인구만으로 선거구를 나누기에는 어려움이 있습니다.

그래서 인구 이외에 또 다른 기준으로 선거구를 정하는데, 바로 행정 구역과 교통 등입니다. 행정 구역 기준이란 같은 시, 군, 구를 기준으로 국회 의원 선거를 치러야 한다는 것입니다. 이는 다른 반과 섞어서 반장을 뽑을 수는 없다는 것과 마찬가지입니다. 또 같은 행정 구역일지라도 교통 문제를 고려해야겠지요? 예를 들어 같은 강원도라고 대관령 서쪽인 평창과 대관령 동쪽의 강릉을 하나의 선거구로 묶을 수는 없겠죠. 또 생활권이라든가 역사적·전통적 일체감 등도 고려해야 할 요소입니다.

이처럼 선거구를 정하는 데에는 복잡한 문제들이 있습니다. 그래서 아무리 공정하게 선거구를 정하려고 해도 완벽하게 공정하기는 힘듭니다. 그래도 최대한 선거구의 크기를 비슷하게 맞추려고 노력하는 이유는 선거구별 인구수가 크게 차이 나면 한 표의 가치가 서로 달라지는 문제(표의 등가성 문제)가 발생할 수 있기 때문입니다.

그럼에도 완벽할 수는 없기 때문에 우리나라에서도 각 지역별 인구 차이를 고려하여 가장 인구가 적은 선거구와 가장 인구가 많은 선거구의 편차를 최대 2배까지는 허용하고 있습니다. 참고로, 2016년 20대 총선에서 가장 작은 선거구는 강원 속초·고성·양양 선거구로 인구가 약 14만 명이고, 가장 큰 선거구는 전남 순천시로 약 28만 명입니다.

반장은 몇 표를 얻어야 할까?

>> 소수 대표제, 다수 대표제

여러분 학급에서는 반장 선거에 몇 명이나 후보로 나서나요? 한 명도 없어서 선생님을 난처하게 만들 때도 있지만, 너무 많아서 곤란할 때도 있지요. 만약 정원이 30명인 학급에 반장 후보가 6명 나왔다고 해 봐요. 이들이 표를 골고루 나누어 가진다면 5표씩 얻을 테고, 심한 경우 6표만 얻어도 반장에 당선됩니다. 그렇다면 고작 6표를 얻은 사람을 과연 그 반의 반장으로 인정해야 할까요?

정치 현실에서도 이런 일이 생길 수 있습니다. 어떤 선거에서 대표 한 명을 뽑는데, 몇 표가 되었건 단 한 표라도 더 많은 사람을 당선자로 확정하는 것을 단순 다수 대표제라고 합니다. 단순하게 가장 많은 표를 얻어 다수의 대표가 되었다는 뜻이죠. 이렇게 뽑으면 선거가 매우 간편하다는 장점이 있습니다. 하지만 그 사람을 과연 대표로 인정할 수 있느냐 하는 심각한 문제가 생길 수 있습니다. 즉 50퍼센트 이상의 표를 얻어 당선된 경우가 아니라면, 그 사람을 지지하지 않은 이가 더 많기 때문입니다.

이런 점을 보완할 수 있는 제도가 절대 다수 대표제입니다. 적어도 50퍼센트 이상, 즉 과반수 득표자라야 당선자로 인정하는 것입니다. 그런데 만약 선거에서 과반수 득표자가 나오지 않으면 어떻게 할까요? 그럴 때는 1위와 2위 득표자가 다시 선거를 치릅니다. 이것을 결선 투표라고 합니다. 이렇게 한다면 선거에 참여한 유권자 가운데 절반 이상의 지지를 얻은 사람이 대표로 선출되겠죠. 따라서 더욱 당당하게 대표의 임무를 수행할 수 있고요.

　다만 이 방법은 선거를 두 번 치를 수도 있으므로 비용이 더 들긴 합니다. 그렇지만 민주주의 국가에서 대표를 제대로 뽑는 것만큼 중요한 일이 어디 있을까요? 민주주의를 더 성숙하게 발전시키기 위해 치러야 할 비용이라고 생각할 필요가 있지 않을까요? 그리고 여러분 학급의 반장이나 전교 학생회장 등을 뽑는 선거에서는 특별히 비용이 더 드는 것도 아니니, 그런 선거들에서는 이런 방식을 고려해 볼 필요가 있겠지요.

우리나라 대통령 선거는 단순 다수 대표제로 치러집니다. 역대 대통령들은 몇 퍼센트의 지지를 얻어 대통령에 당선되었을까요? 2012년 18대 대통령 선거에서는 박근혜 후보가 투표자의 절반을 갓 넘긴 51.6퍼센트의 지지율로 당선되었습니다. 이것은 1987년 6월 민주 항쟁으로 대통령 직선제가 부활한 이래 처음으로 과반수를 넘긴 것입니다. 이전 13대(노태우 대통령), 14대(김영삼 대통령), 15대(김대중 대통령), 16대(노무현 대통령), 17대(이명박 대통령) 대통령 선거에서는 모두 당선인을 지지하지 않은 유권자가 더 많았습니다. 그래서 우리나라에서도 결선 투표제를 도입하자는 얘기가 나오는 거랍니다. 한편, 19대 문재인 대통령도 과반수에는 못 미치는 41.1퍼센트의 득표율로 당선되었습니다.

우리나라 국회 의원 선거도 단순 다수 대표제로 치러집니다. 이 것을 선거구 제도와 관련해서는 소선거구제라고 합니다. 선거구를 작게 만들어서 선거구마다 한 명씩 선출한다는 뜻이지요.

반면 선거구를 크게 만들어 선거구마다 2~4명을 뽑는 제도도 있는데, 이것을 중·대선거구제라고 합니다. 이렇게 하면 1위만이 아니라 2위나 3위도 당선될 수 있기 때문에 이런 제도를 다수 대표제에 견주어 소수 대표제라고 합니다. 2위와 3위인 소수도 대표가 될 수 있는 제도라는 뜻이지요. 우리나라도 지방 자치 구·시·군의 회 의원 선거에서는 이 제도를 도입하고 있습니다.

왜 이렇게 다양한 방식이 있을까요? 그것은 소선거구제(다수 대표제)와 중·대선거구제(소수 대표제)의 장단점을 살펴보면 알게 될 겁니다.

우선 소선거구제는 대표를 한 명만 뽑기 때문에 유명인이나 유력한 정당의 후보가 당선될 확률이 높습니다. 의회 의석의 과반수를 차지하는 정당 또한 나오기 쉽고, 그에 따라 법률안이 손쉽게 통과될 가능성도 높아집니다. 그렇게 되면 정치가 겉보기에는 안정적이고 예측 가능해지겠지요. 또 선거구가 좁다 보니 유권자들이 후보를 좀 더 잘 알고 투표할 수 있고, 선거 비용도 적게 듭니다.

반면에 거대 정당이 다수를 차지하기 쉬운 만큼 정치적으로 소외되는 사람들이 생길 가능성도 큽니다. 정치권에서 소외된 사람들이 생길수록 사회적인 갈등과 불안정이 나타납니다. 또 당선된 한 명을 뽑지 않은 많은 표들이 사표, 즉 버려지는 표가 된다는 것도 큰 단점입니다. 사회에는 수많은 개인과 집단이 존재하는데 이들의 의견과 이익이 대표되지 않는 것은 불합리한 일이죠.

중·대선거구제의 장단점은 소선거구제의 반대겠지요. 다양한 집단이나 정당들이 의회에 진입하기가 상대적으로 쉽습니다. 또 사표가 적어져 국민의 의사가 더욱 잘 반영된다는 것이 장점입니다. 반면 선거구가 커지면서 관리 비용이 많아집니다. 의회에 진입하는 정당이 늘어나면서 정치적 결정 과정이 길어지는 것도 문제라고 지적받습니다. 아무래도 각기 다른 주장을 하는 여러 정당들이 합의를 이뤄야 하니 시간이 걸리겠지요. 그렇지만 시간이 걸리더라도 의견이 다른 이들이 충분한 토론 등을 통해 절충하거나 뜻을 모아야 민주주의라고 할 수 있겠죠.

이제까지 살펴본 장단점은 이론적으로 그럴 가능성이 높다는 것입니다. 어떤 제도를 도입하건 장단점이 있게 마련이므로, 나라마다 놓여 있는 정치적 상황과 문화적 환경에 따라 각기 알맞은 제도를 선택해 운영해야 되겠죠.

우리나라는 지금 국회 의원 선거에서 소선거구제를 채택하고 있지만, 지역 간의 극심한 대립 구도를 완화시키기 위해 중·대선거구제를 도입하자는 논의가 있습니다. 선거 때만 되면 어느 지역에서는 무슨 당이 대부분의 표를 얻어 그 지역은 그 당의 국회 의원뿐이고 다른 지역에서는 또 다른 당이 대부분을 차지하는 게 우리나라 정치의 현실이잖아요. 결코 바람직하다고 할 수 없겠죠? 그래서 한 지역구에서 2명 이상을 뽑는 중·대선거구제를 도입하면 지역에서 절대적 지지를 받는 정당이 아닌 당에서도 국회 의원이 나올 수 있으니 지역주의를 완화시킬 수 있을 거라는 얘기죠. 여러분은 절대 지연이나 혈연·학연 따위를 기준으로 삼지 말고, 누가 올바른 정치를 펼치고 우리 의견을 잘 대변할지를 기준으로 대표를 뽑아야 해요!

1등만 기억하는 더러운 세상이라고?
>> 비례 대표제

30명으로 이루어진 학급의 반장 선거에서 1등을 한 학생은 16표를 얻고 2등을 한 학생은 14표로 떨어졌다면, 2등을 한 학생과 또 그 학생에게 투표한 학생들은 실망이 크겠죠? 현실 정치에서는 이러한 경우 당선되지 않은 후보나 정당을 지지한 유권자들의 의사도 존중하는 제도가 있습니다. 바로 비례 대표제라고 하는 겁니다.

우리나라 국회 의원 선거는 소선거구제로 선거구마다 한 명만 뽑는다고 했지요. 만일 어느 선거구에서 정겨운당 후보가 투표자 중에서 55퍼센트를 득표하고 똘똘이당 후보가 45퍼센트를 득표했다면, 당연히 정겨운당 후보가 국회 의원에 당선됩니다. 그런데 만약 전국의 모든 선거구에서 이런 일이 벌어졌다면 단 10퍼센트 차이인데도 국회는 전원 정겨운당 의원으로만 구성되고 똘똘이당 의원은 단 한 명도 없는 안타까운 상황이 빚어지겠죠? 이는 전 국민의 45퍼센트가 자신을 대표하는 국회 의원을 갖지 못하는 어처구니없는 결과를 가져옵니다. 이를 '대표성의 왜곡'이라고 합니다.

이 대표성의 왜곡을 일부 보완하는 제도가 바로 현재 우리나라의 비례 대표제입니다. 만약 전국을 하나의 선거구로 놓고 각 정당에 투표하게 한 뒤 그 비율대로 의원을 나눈다면 정당에 대한 국민의 지지를 정확히 반영할 수 있겠죠. 편의상 이를 완전 비례 대표제라고 부르겠습니다. 그런데 이렇게 하면 국민의 의사가 왜곡 없이 정확히 반영된다는 장점은 있지만, 지역의 대표는 뽑지 못하게 되는 아쉬움이 있지요. 그래서 우리나라에서는 완전 비례 대표제보다는 국회 의원 가운데 일부를 비례 대표로 뽑는 방식을 채택하고 있습니다.

우리나라 국회 의원 수는 300명인데 지역 선거구(지역구)는 253개입니다. 나머지 47명이 비례 대표 국회 의원입니다. 비례 대표 국회 의원을 뽑는 방법은 다음과 같습니다. 유권자들이 투표할 때 용지를 두 장씩 나눠 줍니다. 지역구에서 출마한 후보의 이름이 적힌 용지 한 장과 정당의 이름이 적힌 용지 한 장, 이렇게 두 장의 투표

용지에 각각 후보 한 명과 정당 하나에 투표합니다. 그래서 지역구 당선자는 최다 득표자로 하고, 이와는 별도로 각 정당의 득표를 전국적으로 모두 모아서 그 비율에 따라 47석의 의석을 나눕니다.

이렇게 하면 지역구에서는 당선자를 배출하지 못한 정당도 정당 지지도에 따라 의석을 받을 수 있습니다. 지역구 후보와 정당 투표를 분리함으로써 후보는 마음에 안 들지만 그 정당은 마음에 든다거나 그 반대의 경우에도 홀가분하게 투표할 수 있는 조건을 만들어 주는 셈이니, 참 괜찮은 제도죠?

그러면 비례 대표는 어떻게 선정할까요? 2020년에 바뀐 선거법에 따르면 예전처럼 단순히 정당 득표율에 비례 의원 정수 47명을 곱해서 배분하는 방식이 아니라 그 정당의 지역구 당선자와 연결지어서 배분하는 이른바 '연동형 비례제'가 도입되었어요. 예를 들어 비례 47석 중 17석(병립형)은 예전처럼 단순히 정당 득표율에 따라 배분하되 나머지 30석(준연동형)은 지역구 당선자 수와 연동하는 방식이죠. 아래의 표를 보면 이해에 도움이 될 거예요.

비례 대표 뽑는 법(준연동형 30석, 병립형 17석)   중앙 선거 관리 위원회

| 정당 | 지역구 당선자수 ❶ | 비례대표 | | | | 준연동형 의석수 (❻=❺/2) | 병립형 의석수 ❼ | 국회의원 총의석수 (❶+❻+❼) |
		정당별 득표 비율 (❷)	의석 할당 정당 총의석수 (❸)	소계 (❹=❷×❸)	의석수 (❺=❹-❶)			
가	18	8%		24	6	3	1	22
나	10	12%	X300	36	26	13	2	25
⋮	⋮	⋮		⋮		⋮	⋮	⋮
합계	253					30	17	300

준연동형 산출식: (의석 할당 정당 총의석수 X 정당별 득표 비율 − 지역구 당선자수) / 2

그럼 각 당의 비례대표 의원들은 어떻게 정할까요? 원래 비례대표제를 두는 취지가 또 하나 있는데, 바로 사회적 약자를 배려하고 전문가를 등용한다는 것입니다. 무슨 말이냐 하면, 소선거구제의 특징에서 설명했듯이 한 명만 뽑는 지역구 선거에서는

국회 의원을 뽑는 두 가지 방식~

그 특성상 유명한 인물 위주로 뽑히게 되어 있습니다. 그래서 사회적 약자인 여성이나 장애인, 전문가나 기술자 등은 능력이 있어도 국회에 들어갈 수 없게 됩니다. 현대 사회처럼 복잡한 사회에서 전문가들이 국회에 진출할 기회가 없어진다는 것은 우리 사회 전체로 봐도 손해입니다. 또 사회적 약자가 국회에 갈 수 없다면 올바른 민주주의가 아니겠지요. 바로 이런 필요 때문에 비례 대표에는 지역구 선거에서 당선되기 힘들지만 우리 사회에 꼭 필요한 여성, 장애인, 청소 노동자 같은 정치적 소외 계층과 전문직 종사자들이 포함되는 것입니다.

여성 대통령이 나온 나라에서 여성이 왜 정치적 소외 계층이냐고요? 20대 국회만 살펴봐도 전체 300명 가운데 여성 의원은 51명으로 17퍼센트를 조금 넘는 수준입니다. 그나마 지역구에서 직접 국민들의 선택을 받은 의원은 26명밖에 안 된다니, 여성이 정치적으로는 소외된 계층이라는 말이 맞지요. 이런 상황에서 그나마 정치적 소수를 대표할 수 있는 제도가 비례 대표제이니 볼수록 괜찮

은 제도입니다. 여러분에게 선거권이 생기면 비례 대표 후보들의 면면을 미리 살펴보고 좋은 후보를 추천한 정당에 한 표 던지는 센스! 있어야겠죠?

돈 없으면 선거에도 못 나가나?
》 선거 공영제

여러분이 반장 선거에 나가려는데 학교에서 돈을 내라고 한다면 어처구니없다고 하겠죠? 그럼 국회 의원 선거나 대통령 선거는 어떨까요? 이런 선거에 나가려면 돈을 내야 합니다. 그것도 꽤 많이요. 대통령 선거의 경우엔 3억 원, 국회 의원 선거의 경우엔 1천5백만 원을 중앙 선거 관리 위원회(선관위)에 맡겨야 합니다.

민주주의 국가에서 국민의 권리인 피선거권, 즉 대표로 뽑힐 권리를 행사하는데 왜 돈을 내야 할까요? 그것은 후보자가 마구잡이로 나서서 선거가 어지러워지는 것을 막기 위해서입니다. 실제로 아무나 무료로 나설 수 있다면 단순히 자기 얼굴을 알리기 위해, 또는 장난삼아 선거에 나서는 사람들도 있을 수 있겠죠? 그래서 일정한 금액을 맡기게 하는 것이죠.

그러면 그 돈은 그냥 국가가 가지느냐? 그건 아닙니다. 아까 말한 대로 진정한 대표가 되려는 사람 말고 아무나 선거에 나서는 것을 예방하는 차원이므로 어느 정도 이상 유권자의 표를 얻으면 맡긴 돈을 돌려줍니다. 투표자 수의 15퍼센트 이상 득표하면 전액을 돌려주고, 10퍼센트 이상만 득표해도 반은 돌려줍니다. 그럼 10퍼센트 미만은? 국가가 사용합니다. 이것을 "국고에 귀속된다."고 합니다.

여러분도 선거 운동 기간에 길을 가다가 후보자들의 얼굴을 새긴 벽보를 본 적이 있지요. 또는 집으로 후보자들을 소개하는 전단이 배달된 것을 본 적이 있을 겁니다. 그 많은 사진과 종이를 인쇄해서 돌리려면 큰돈이 들겠죠? 또 투표 당일 투표소를 설치하고 투표와 개표를 관리해서 당선자를 발표하는 업무는 누가 해야 할까요? 선거에는 많은 사람들의 이해관계가 얽혀 있기 때문에 조금이라도 한쪽에 치우치거나 부정이 개입되면 안 됩니다. 그래서 어디에도 속하지 않은 기관의 공정한 진행과 관리가 필요합니다. 이런 일을 하는 기관이 바로 중앙 선거 관리 위원회(선관위)입니다.

선관위는 선거의 공정한 관리 등을 위하여 설치한 국가 기관으로, 국회, 정부, 법원, 헌법 재판소와 지위가 같은 독립된 기관입니다. 선관위에서는 공정한 선거 관리를 위한 모든 업무를 담당하며, 깨끗한 선거를 위한 캠페인이나 투표 참여 독려 운동 같은 일도 합니다. 후보자들이 선거에 나설 때 맡긴 돈(기탁금)을 관리하는 것은 물론 후보자들이 선거에 사용한 비용을 되돌려 주는 일도 하는데, 여기에는 현수막 설치 비용, 방송 연설 비용, 신문 광고 비용 등이 다 포함됩니다. 물론 앞에서 얘기한 일정 정도의 득표를 얻은 경우에 한해서입니다.

그런데 왜 선거에 들어간 비용을 전부 국가에서 물어 주는 걸까요? 만일 그렇게 하지 않는다면 부자는 선거에 당당히 나서 많

나도 돈 걱정 없이 후보로 나설 수 있겠다!

15 퍼센트의 지지를 얻을 수 있을까?

은 비용을 얼마든지 감당하며 당선될 확률이 높아질 테고 가난한 사람은 감히 선거에 나설 엄두도 못 낼 겁니다. 그러면 부자들의 이익은 보장되고 가난한 사람들의 이익은 무시당하는 정치가 되겠죠. 그런 일을 막기 위해 선거 비용을 국가가 나서서 대 주는 것입니다.

이렇게 국가가 선거 비용을 대 줍니다만, 쓰고 싶은 대로 마구 써도 되는 것은 아닙니다. 각 선거마다 쓸 수 있는 비용의 한계가 정해져 있습니다. 국민의 세금을 낭비해서는 곤란하니까요. 이렇게 선거를 독립적인 기관이 공정하게 관리하고 선거에 들어가는 비용도 국가가 되돌려 줌으로써 돈이 없어 선거에 참여하지 못하거나 돈이 많아 선거에 유리하지 않도록 잘 관리하는 제도를 선거 공영제라고 합니다. 목적은 바로 누구에게나 기회가 주어지는 공정한 선거를 위한 것이죠.

어때요? 이제 여러분도 선거에 나서 볼 자신이 생겼나요? 내 표가 얼마나 될지 잘 계산해 보세요. 10퍼센트는 넘어야 반이라도 건져요.

당선되면 공약은 '뻥이야'?

몇 년 전 학생회장 선거를 치를 때 일이었어요. 한 학생이 후보로 나오면서 내건 공약이 "농구장을 우레탄 코트로 바꿔 주겠다.", "축구장을 잔디 구장으로 바꿔 주겠다."였어요. 교육청이나 학교 예산을 받아 내서 한다면야 좋겠지만 그게 아니라 개인이 해 주겠다는 거였어요. 그 학생 부모님이 재벌이냐고요? 물론 아니었죠. 그럼 그게 어떻게 가능하냐고요? 그건 저도 모르겠어요. 하여튼 그 학생은 '다행히' 선거에서 떨어졌고, 그 뒤로 선거에서 후보들이 내세우는 공약이 적절한지 여부를 학생회장 선거 관리 위원회에서 심의하기로 규정을 바꾸었습니다.

현실 정치에서도 공약이 적절한지 따져 보는 일은 중요합니다. 그런데 사회가 다원화하고 전문화할수록 정부 정책에는 일반 국민들이 이해하기 힘든 내용이 많아지고 있습니다. 특히 과학 기술 부문이나 정보 통신 부문, 의료나 복지 부문 등에서 예산이 얼마나 들어가는 것이 타당하고 어느 것에 우선순위를 두어야 하는지 등을 일반 국민들로서는 알기가 힘듭니다. 따라서 이런 것들이 후보의 공약으로 나올 경우 유권자들은 판단하기 힘들어집니다. 심지어 이런 점을 노려서 후보들 중에는 지키기 힘들다는 것을 뻔히 알면서도 국민들에게 인기 있는 공약을 나열하는 사람이 있습니다. 그러고 나서 일단 당선되기만 하면 언제 그랬느냐는 듯이 공약을 지키지 않는 사람도 있습니다.

그래서 만들어진 제도가 매니페스토입니다. 매니페스토란 구체적인 일정과 예산을 갖춘 공약을 뜻합니다. 곧 선거에서 후보들이 내놓은 공약의 실현 가능성을 따져 보고 당선 후 공약을 지켜 나가게 하려는 것입니다. 1997년 영국 노동당의 토니 블레어(1953~)가 매니페스토 정책을 구체적으로 제시해 집권에 성공했고, 이때부터 매니페스토라는 말이 세상에 널리 알려졌습니다. 우리나라에서는 2006년 지방 선거 때 처음 도입했습니다.

매니페스토 운동은 후보자의 공약이 이행 가능한지 따져 보고 그 내용을 유권자들에게 공개합니다. 또 당선 이후에는 공약과 의정 활동의 일치도를 평가해서 점수를 매겨 공개합니다. 이렇게 하면 정치인들이 지금보다 훨씬 더 유권자들을 무섭게 생각하고 약속을 지키기 위해 노력하겠지요.

참고로, 역대 대통령 선거 후보들의 황당한 공약들을 살펴볼까요.

유엔 본부를 판문점으로 옮기겠다. - 17대 대선 허경영 후보(2007년)

결혼하면 부부에게 각각 5천만 원씩 지급하겠다. - 17대 대선 허경영 후보(2007년)

비무장 지대를 중심으로 남북한 완충 지대에 제3의 국가를 만들겠다. - 15대 대선 신정일 후보(1997년)

신안 앞바다에서 보물을 캐서 여러분을 모두 부자로 만들겠다. - 7대 대선 진복기 후보(1971년)

어때요, 재밌나요? 그런데 이게 정말로 우리나라 대통령 선거에 나선 후보들의 공식적인 약속이었다니, 왠지 좀 씁쓸하지 않나요?

왜 무소속으로 대통령에 당선된 사람은 없을까?
》 정당의 역할

여러분이 다니는 학교를 더 좋은 곳으로 만들고 싶은가요? 그렇다면 일단 생각이 같은 친구들을 모아 보세요. 그리고 함께 토론하고 방법을 연구하고, 모인 사람들 가운데 가장 적당한 학생이 학생회장 선거에 나가 보세요. 선거에서 이긴다면 그 친구를 중심으로 뭉쳐 학교를 더 좋은 곳으로 만들어 가면 되겠죠.

그리고 여러분이 학교의 복장 규정이나 처벌 규정에 불만이 있어서 교육청이나 교육부에 민원을 낸다면 개인 신분으로 하는 것이 유리할까요, 아니면 생각이 같은 사람끼리 모임을 만들어서 그 단체의 이름으로 하는 것이 유리할까요? 아무래도 혼자보다는 여럿이 힘을 합치는 편이 낫겠죠.

정치에서 정당이 필요한 이유도 이와 비슷합니다. 정치적인 이념, 즉 생각이 같은 사람들끼리 모여서 함께 정책을 만들고, 선거에 후보를 내며, 당선되면 정책을 집행하는 책임을 맡는 곳이 바로 정당입니다. 그런 의미에서 정당은 정치적으로 이념이 같은 사람들이 공동의 목적을 이루기 위해 만든 단체라고 말할 수 있습니다.

지금 우리나라에서 의무 교육은 중학교까지인데 어느 대통령 후보가 이것을 고등학교까지로 연장하겠다는 공약을 내걸었다고 칩시다. 그 후보가 우리나라에서 유력한 정당 후보일 때와 아닐 때 무엇이 다를까요? 무소속이라면, 즉 정당이 없다면 그 공약을 제대로 실천할 수 있을지 걱정이 앞서겠죠. 공약을 이행하려면 국회에서

법률을 바꿔야 하는데, 무소속이라면 함께하는 국회 의원들이 없잖아요. 그리고 그 후보가 어떤 생각으로 국가를 운영해 나갈지 알 수 있는 자료도 부족하겠죠? 같은 생각을 가지고 활동해 온 정당이라는 조직체가 없으니까요.

반면 후보가 어떤 정당에 소속되어 있다면 일단 그 정당이 그동안 내걸었던 정책이나 공약들을 살펴봄으로써 그 후보자에 대해서도 짐작할 수 있고, 소속 정당의 국회 의원들을 통해서 법률을 만들어 정책을 실현할 수 있을 거라는 믿음이 가겠죠. 그렇다고 무소속 후보들이 무의미하다는 말은 아닙니다. 그만큼 정당이 중요하다는 뜻이지요.

역사적으로도 오늘날의 민주주의는 함께 뜻을 펼치려는 사람들이 모이고 정당을 만들어 활동한 덕분에 발전했습니다. 그래서 많은 정치학자들이 '현대 민주 정치의 꽃은 정당'이라고 얘기한답니다.

그러면 여러분은 자기 마음에 드는 정당에 가입할 수 있을까요? 아쉽게도 우리나라 선거법에는 당원이 될 수 있는 자격을 18세 이상 선거권자로 정하고 있습니다. 여러분이 당장 당원이 될 수는 없지만 지금부터 각 정당의 활동을 눈여겨보았다가 선거권이 주어지면 가입해서 열심히 활동해 보세요. 혹시 알아요? 나중에 여러분이 그 정당의 국회 의원 후보는 물론 대통령 후보가 될지?

국왕에 맞서기 위해 모인 의원들 1789년 프랑스 국왕 루이 16세가 의회를 해산하자 자코뱅 모임의 의원들이 모여 국왕의 권한 남용에 맞섰다. 자코뱅 모임은 프랑스 대혁명과 공화국 건설을 주도했으며, 정당의 기원으로 간주된다. 그림은 다비드의 〈테니스 코트의 서약〉(1791년)이다.

학교 매점이 하나여서 불편하다면?

≫ 정당 제도

대부분 학교에서 매점은 아마도 하나뿐일 겁니다. 그러다 보니 매점의 물건값은 물론 친절함도 기대에 못 미치는 게 사실이지요. 만약 학교에 매점이 두 개 또는 여러 개라면 어떨까요? 서로 경쟁이 이루어지면서 어떻게 하면 학생들을 다른 곳보다 많이 끌어들일까 연구하지 않을까요? 그러다 보면 가격도 싸지고 친절함도 향상되겠지요.

정치도 마찬가지입니다. 우리가 북한이나 다른 독재 국가들의 정치 체제를 비판하는 이유 가운데 하나가 바로 정당이 한 개뿐인 일당제라는 점 때문입니다. 일당제에서는 국민들이 정치에 불만이 있어도 다른 선택의 여지가 없어집니다. 한 정당이 정치를 잘못하면 다음번 선거에서 다른 정당을 선택할 수 있어야 서로 견제가 되고 정치가 발전할 수 있는데, 그렇지 못하다는 겁니다. 그래서 정치 선진국을 비롯한 대부분의 민주 국가에서 양당제나 다당제를 채택하고 있습니다.

대표적인 양당제 국가로는 영국과 미국을 꼽을 수 있습니다. 영국은 노동당과 보수당이, 미국은 민주당과 공화당이 서로 권력을 나눠 갖고 있습니다. 이러한 양당제 정치 체제에서는 비교적 안정된 정치가 이루어집니다. '가' 아니면 '나'라는 예측 가능한 정치 체제이기 때문입니다. 또 두 정당 사이에서 정권 교체가 이루어지므로 상대를 인정하는 분위기가 형성됩니다. 반면 다양한 정치 세력이 나타나기는 어려워집니다. 이것은 선거구제와도 관련이 있는데, 양당제를 채택하고 있는 나라들에서는 대부분 소선거구제를 채택함으로써 다양한 정치 세력의 출현 자체를 막는다는 비판이 제기되고 있습니다.

이런 비판에 근거하여 국민의 다양한 정치적 목소리를 살리고자 하는 것이 다당제입니다. 이것은 글자 그대로 정당이 여러 개라는 뜻입니다. 다당제가 이루어지는 나라들에서는 대체로 중·대선거구제나 비례 대표제를 채택하고 있습니다. 대표적인 국가로는 프랑스와 일본이 있습니다. 다당제의 장점은 정치적 다양성이 보장된다는 점입니다. 반면 시간과 비용이 많이 든다는 지적을 받습니다. 양당제에서는 주요 정당 둘의 합의에 따라 정치적 안정이 보장되지만, 다당제에서는 여러 정치 집단의 합의가 필요합니다. 둘이 합의하는 것보다 여럿이 합의하는 것이 더 어려운 건 사실이겠죠. 그러나 다양한 구성원의 권리가 보장되려면 조금 시끄러운 것이 정상이라는 사실, 알죠? 마치 조용하기만 한 학급보다는 좀 활발한 학급이 개성도 발휘되고 학생들의 권리 보장에도 더 좋은 것처럼 말이죠.

그럼 우리나라는 어디에 속할까요? 주요 정당 두 곳에서 정권을 주고받으니, 양당제라고 할 수 있겠죠. 그러나 비례 대표제의 영향으로 제3당도 존재하니, 다당제의 성격도 조금은 있다 하겠습니다.

한편 일률적으로 양당제가 좋다거나 다당제가 좋다고 말할 수는 없습니다. 각 나라의 문화나 역사적 전통 등을 고려하여 실정에 맞는 제도를 채택하고 절충하는 것이 정치입니다. 그 나라의 정치 환경에 맞춰 바람직한 정당 제도를 운영하면 되는 거죠. 물론 대전제는 '국민의 뜻을 최대한 수렴할 수 있는 정당 제도'여야겠지요.

'학생 없는 학생회'는 잘될까?
» 정당 정치의 문제점

원래 학생회는 학급 대표와 대의원들이 모여서 학생들을 위해 활동하는 조직입니다. 그러려면 학생들의 의견을 듣고 모으는 일이 필수겠죠. 그런데 여러분 학교에서는 그런 일이 잘 이루어지나요? 잘 이루어진다면 훌륭한 학교이지만, 아마 대부분의 학교에서는 잘 이루어지지 않고 있을 겁니다.

그 이유는 뭘까요? 무엇보다 교장 선생님을 비롯한 여러 선생님이 학생의 의견을 잘 들으려 하지 않기 때문이겠지만, 학생회 자체의 문제는 없을까요? 학생회장이 나서서 학생들의 의견을 모아 보려는 의지도 부족하고, 학생들 개개인이 자기 생각을 학생회를 통해서 학교에 전달하려는 생각도 별로 없어서일 겁니다. 그러다 보니 학생회 활동이라고 해 봐야 간부들 몇 명이 모여서 자기들끼리 얘기를 나누는 수준으로밖에 이루어지지 못하죠.

우리나라 정당의 활동도 이와 비슷해서 일반 국민들에게 많은 공감을 얻지 못하고 있습니다. 정당의 역할이란 정치적으로 생각이 같은 사람들을 모으고, 그 생각을 현실에서 정책으로 실현하기 위해 노력하는 것입니다. 그러려면 정당에 대한 국민들의 지지와 참여가 필수적이죠. 하지만 여러분 주위에 정당에 가입해서 필요한 운영비, 즉 당비를 내고 열심히 활동에 참여하는 사람을 본 적이 있나요? 아마도 찾기 힘들 겁니다.

그 이유는 우리나라 정당의 역사와도 관련됩니다. 선진국에서는 국왕의 절대 권력에 맞서 각 계층이 자발적으로 정당을 만들어 몇백 년, 또는 몇십 년에 걸쳐 지키고 발전시켜 왔습니다. 그러나 우리나라는 이런 과정을 거치지 못한 채, 해방 후 갑자기 민주주의가 이식되었습니다. 국민들도 아직 성숙한 민주 의식이 없고, 정당도 일부 정치 엘리트들의 편의와 필요에 따라 만들어졌습니다. 그래서 국민들은 정당이 일부 정치인들의 소유물이고 이들의 정치적인 이익, 즉 선거에서의 당선을 위해서만 필요한 조직이라고 생각하기 십상이었습니다. 그러니 자신의 권익을 지켜 줄 정당에 자발적으로 가입하지도 않고, 당비를 내고 적극적으로 활동하지도 않는 것이죠.

정당의 유지와 활동에 필요한 당비를 내고 적극 참여하는 사람을 진성 당원이라고 합니다. 그런데 우리나라 정당에는 이 진성 당원이 매우 적고, 정당의 활동이 일부 유명 정치인을 중심으로 이루어집니다. 이것은 우리나라 정당 정치의 가장 큰 문제점입니다. 다행히 최근

들어 각 정당마다 진성 당원의 수가 늘어나고 젊은 층의 정당 활동도 늘고 있는 점은 바람직하다 하겠습니다. 아무쪼록 우리나라에서도 많은 국민들이 정당 활동에 적극 참여하고, 이를 바탕으로 정당 운영이 민주화되어 국민에게 신뢰받는 때가 하루빨리 오면 좋겠습니다.

학교 식당이 비싸고 맛없다면?
≫ 이익 집단 활동 ❶

만약 학교 매점의 물건값이 학교 밖 가게보다 턱없이 비싸다면 어떻게 해야 할까요? 또 학교 식당 음식의 가격과 질이 기대에 못 미친다면 어떻게 해야 할까요? 나 혼자 매점이나 식당 사장님에게 항의하면 될까요? 아무래도 혼자서는 힘에 부치겠죠? 이럴 때 필요한 게 바로 학생회라는 조직입니다.

학생회는 글자 그대로 학생들이 모여서 학생들의 이익을 위해 활동하는 조직입니다. 이 학생회 조직에서 대표를 뽑아 매점 사장님에게 항의하고 불만을 표시해서, 또 필요하다면 불매 운동을 벌이면서 물건값을 합리적인 수준으로 조정할 수 있겠죠. 식당 사장님에게도 같은 방식으로 학생들의 의견을 전달해서 관철시킬 수 있겠고요.

이와 같이 이해관계가 동일한 사람들이 만든 조직을 이익 집단이라고 하며, 이 조직을 통해 자신들의 이익을 관철시키는 것을 이익 집단 활동이라고 합니다. 현대 민주 정치를 대의 정치라고 한다면, 바로 이 대표들에게 자신들의 이익을 위해 행동하도록 하는 것이 이익 집단의 발생 배경입니다.

어떤 건설 현장에 100명의 노동자가 근무하고 있다고 칩시다. 그런데 안전모를 지급하지 않아 노동자들이 위험에 무방비로 노출되어 있을 때, 한 노동자가 사장을 찾아갑니다. "사장님, 안전모가 없어서 안심하고 일하기 힘듭니다. 안전모를 사 주시면 안 될까요?" 이때 매우 양심적인 사장님이라면 모를까, 안전모를 선뜻 사 주는 사장님은 드물 겁니다. 분명 "그렇게 불안하면 당신은 일을 그만두시오!"라고 말하기 쉬울 겁니다.

그런데 만약 노동자 한 명이 아니라 100명 전체가 사장님을 찾아가거나 대표를 뽑아서 모두의 의사를 전달한다면 어떨까요? 그리고 요구 사항을 들어주지 않으면 모두 동시에 일을 그만두겠다고 한다면 상황은 어떻게 될까요? 아마도 그 사장님은 노동자들의 요구를 들어줄 확률이 매우 높을 겁니다. 나아가 노동자 대표가 국회의원을 만나서 건설 현장에서는 안전모를 꼭 착용하도록 하는 법을 만들어 달라고 요청할 수도 있습니다. 이익 집단의 하나인 노동조합이 필요한 이유가 바로 이것입니다. 여러분 가운데 대부분은 훗날 회사에 취직해서 노동자가 되겠죠. 그때 노동조합이 왜 필요한지 다시 한 번 생각해 보기 바랍니다.

현대 사회는 워낙 복잡하고 다양하기 때문에 정당이나 의회, 정부에 의해서 모든 개인이나 집단의 활동이 대표될 수 없습니다. 그래서 사회 집단이 다양해질수록 이익 집단도 다양해지고 그 수도 많아집니다.

직업이 비슷한 사람들끼리 뭉친 대한 변호사 협회, 대한 의사 협회, 대한 약사 협회 등이 있는데, 이것들은 직능 단체라고 부릅니다. 그리고 전국 민주 노동조합 총연맹(민주노총), 한국 노동조합 총연맹(한국노총) 등은 노동자 단체, 전국 경제인 연합회(전경련), 한국 경영자 총협회(경총) 등은 경영자 단체라고 부릅니다.

여러분도 뜻이 있다면 대표를 내세워 공동의 힘을 발휘해 보세요. 백지장도 맞들면 낫다잖아요. 혼자보다는 여럿이 함께하면 모든 일이 훨씬 쉬워집니다.

촌지? 치맛바람?
» 이익 집단 활동 ❷

여러분, 촌지라는 말 들어 봤죠? 물론 아이를 가르쳐 주는 스승에게 고마움을 표현하는 것이 본래 목적이겠지만, 내 자식을 특별히 돌봐 달라는 그릇된 목적이 더 많은 것이 사실입니다. 여러 아이들 중에 내 자식만 특별히 잘 봐달라는 압력을 촌지와 함께 전달한다면, 결국은 부모가 촌지를 전하지 않은 선량한 대다수 학생들은 상대적으로 불이익을 받게 될 겁니다.

만약 학교의 정상적인 학사 운영을 정부 정책에, 압력을 행사하는 학부모를 이익 집단에 비유해 본다면, 우리 사회에서 이루어지는 이익 집단 활동의 부정적인 면이 그대로 드러납니다. 이익 집단

에헴~

활동이 잘못되면 부당한 방식으로 사회 전체의 이익을 해치면서 자신의 이익만 챙기는 경우가 될 수도 있습니다.

적절한 이익 집단 활동을 위해서는 그 활동이 사회에 어떤 영향을 주는지 볼 줄도 알아야 합니다. 즉 이익 집단의 활동이 권력 집단에 의한 횡포는 아닌지, 경제력을 가진 집단에 일방적으로 유리하게 진행되는 일은 없는지 잘 살펴볼 필요가 있습니다.

한편, 이익 집단의 활동을 바라보는 시민들의 의식에도 변화가 필요합니다. 여러분은 버스나 지하철이 파업을 하면 어떤 생각이 드나요? 혹시 '학교 오가기 힘들게 왜 파업을 하고 난리야.' 이렇게 생각하나요? 방송이나 언론에서도 흔히 "시민의 발을 볼모로 파업을 한다."며 비난하곤 하죠. 그렇다면 버스나 지하철 노동자는 시민의 교통 편의를 위해 자신들의 이익은 언제까지고 뒷전으로 미뤄야 옳을까요? 그런 논리대로라면 세상의 그 어떤 직업에 종사하는 사람들도 자신들의 이익을 주장할 수 없을 것입니다. 왜냐하면 이 세상에 '다른 사람들에게 아무 영향도 끼치지 않는 직업'은 없을 테니까요.

우리가 민주주의 선진국이라고 일컫는 프랑스 시민들이 지하철이나 버스의 파업과 관련해 인터뷰하는 내용을 방송에서 본 적이 있습니다. 그들은 노동자들의 파업에 대해 이렇게 말하더군요. "지금 파업하는 노동자들의 권리를 이해하고 보호해 주어야 나중에 내 권리도 주장할 수 있을 것입니다." 아주 멋진 말 아닌가요! 때로는 다른 사람의 정당한 이익과 권리를 위해 잠시 나의 불편함을 참을 줄 알아야, 내가 내 이익과 권리를 주장할 때 다른 사람도 나와 함께할 수 있다는 점, 잊지 마세요.

자, 그렇다면 다음과 같은 문제에 대해 여러분은 어떤 선택을 하겠습니까?

선생님들의 이익을 위해 수업을 하지 않을 권리를 인정해야 할까?
의사들의 이익을 위해 환자를 돌보지 않을 권리를 인정해야 할까?
약사들의 이익을 위해서 약국 문을 닫을 권리를 인정해야 할까?

장래 희망이 시민 단체 활동가?
» 시민 단체

여러분은 장래 희망이 무엇인가요? 예전에는 판사·검사·변호사

· 의사 등 권력과 돈이 따르는 직업이 인기가 좋았습니다. 요즘 여러분이 되고 싶어 하는 가수라든가 무용수, 배우, 운동선수 등과는 조금 다르죠. 그런데 여러분은 시민 단체 활동가라는 직업을 들어 봤나요? 미국에서는 이 시민 단체 활동가가 청소년들이 되고 싶어 하는 직업 가운데 하나라네요.

시민 단체란 관심이 비슷한 시민들이 모여서 더 좋은 사회를 만들기 위해 활동하는 단체입니다. 지난 2000년 우리나라를 방문한 '대니 서'라는 청년이 있었어요. 미국에서 아주 유명한 환경 운동가 가운데 한 사람이죠. 이름에서 드러나듯 이 사람의 부모님은 미국으로 이민 간 한국인입니다. 대니 서는 12살 때 마을의 숲을 개발하려는 움직임에 반대해 초등학교 친구들 7명과 함께 '지구 2000'이라는 단체를 만들었습니다. 그 뒤 모피 제조와 판매 반대 운동, 초·중등학교 동물 해부 실험 반대 운동 등을 벌였습니다. 꾸준히 활동한 결과 '지구 2000'은 회원 2만 6천 명이 가입한 미국 최대의 청소년 환경 보호 단체로 성장했습니다. 그뿐만이 아닙니다. 사랑의 집 짓기 운동, 환경 운동이나 자선 단체를 위한 모금 활동, 가난한 미술 학도들을 위한 미술관 무료 입장권 기증 운동, 이름 없는 연못 살리기 운동 같은 다양한 활동을 펼쳤습니다.

아! 물론 시민 단체 활동에 꼭 이런 것만 있는 건 아닙니다. 우리나라에서도 다양한 시민 단체들이 활발한 활동을 펼치고 있는데, 정치, 경제, 사회, 문화, 교육, 환경, 동물 보호에 이르기까지 다루지 않는 분야가 없지요. 그런데 국민들을 위해 활동하는 정부도 있고 정당도 있는데, 왜 이런 시민 단체들이 필요한 걸까요?

지난 2001년 우리나라에서는 휴대 전화 요금이 너무 비싸다고 시민들이 요금을 낮추라는 운동을 벌인 적이 있습니다. 이때 서명 운동을 이끌고 이동 통신사나 정부에 항의하는 일을 주도한 곳이 바로 '참여연대'라는 시민 단체였습니다. 당시 이동 통신 서비스 가입자가 2천7백만 명을 넘어섰는데도, 이동 전화 요금은 가입자 7백만 명 수준이던 1997년보다 싸지지 않았습니다. 사업자들은 사상 최대 규모의 매출과 순이익을 올리고 있는데도 말이죠. 물건이 많이 팔리면 이익이 늘어나고, 그러면 물건값이 싸지는 것이 당연하죠. 그런데 이동 통신사들은 우리나라에 세 군데밖에 없다는 이점을 활용해서 요금을 내리지 않은 것입니다. 시민들의 요금 인하 요구에 이동 통신사들은 물론이고 정부도 전혀 귀 기울이지 않았습니다.

　바로 이럴 때 필요한 것이 순수한 시민들의 자발적 모임인 시민 단체입니다. 혼자서는 힘들지만 여럿이 모이면 큰 힘이 될 수 있다는 것! 그때 요금 인하 서명 운동에 참여한 시민이 무려 백만 명 가까이나 되었으며, 결국 이동 통신사들이 기본료를 8.3퍼센트 내리게 되었습니다. 시민들의 힘은 정말 대단하지요? 이처럼 시민운동은 일반적으로 시민의 자발성에 기초하기 때문에 진정한 민주주의의 의미가 있다고 할 수 있습니다.

　여러분도 관심 있는 분야의 시민 단체에 가입해서 열심히 활동한다면 한국의 대니 서가 될 수 있을 테니 기대해 보겠습니다. 참고로, 우리나라의 대표적인 시민 단체 몇 군데를 알려 주겠습니다. 홈페이지에 들어가서 어떤 일들을 해 왔는지 한번 살펴보세요.

휴대 전화 요금 인하 운동을 알리는 걸개그림 참여연대에서 주도한 휴대 전화 요금 인하 운동에 많은 이들이 참여했고, 결국 이동 통신사가 휴대 전화 기본료를 내리게 되었다. 2001년 참여연대 건물에 걸린 걸개그림이다.

◈ 참여연대

참여와 인권이 보장되는 민주 사회를 함께 열어 가자는 목적으로 1994년 창립했다. 그동안 부정·비리 정치인에 대한 감시 운동, 사법부 개혁 운동, 재벌 개혁 운동 등을 펼쳐 왔다. 정부의 보조금을 받지 않고 100퍼센트 회원의 회비와 후원금으로 운영하는 우리나라의 대표 시민 단체이다.

◈ 경제정의실천시민연합(경실련)

정의와 평등이 실현되는 사회를 꿈꾸며 경제 민주화를 위해 활동하는 시민운동 단체이다. 부동산 투기 근절 운동, 재벌의 경제력 집중에 대한 문제 제기 등 경제 문제뿐 아니라 다양한 사회 문제와 관련해서도 활발한 활동을 펼치고 있다. 역시 정부의 보조금 없이 운영하며, 1989년 창립했다.

◈ 참교육학부모회

학부모들이 만든 교육 운동 단체이다. 촌지와 불법 찬조금 등 학교 현장의 잘못된 관행을 고치려고 노력하며, 교복 공동 구매 등 학부모의 권익을 위해서 적극적으로 활동하고 있다. 우리 사회를 지배하는 극심한 학력·학벌 위주의 풍토를 반성하며 1989년에 탄생했다.

◈ 환경운동연합

1993년에 창립한 우리나라의 대표적인 환경 운동 단체로, 기원은 1982년 한국 최초의 환경 단체인 '한국 공해 문제 연구소'까지 거슬러 올라간다. 무분별한 개발과 생태계 파괴를 막고 인간과 자연이 평화롭게 공존하는 세상을 목표로 활동한다. 갯벌과 철새 보전 운동, 숲 지키기 운동, 강 살리기 운동, 생태 도시 가꾸기 운동 등을 활발하게 벌이고 있다.

청소년이 스스로 만든 단체도 있다!

》 청소년 단체

'아수나로'는 청소년 인권 문제를 해결하기 위해 '대신' 싸워 주거나 하지는 않습니다. 어른들이 대신 청소년의 인권을 보장해 준다는 말에도 반대합니다. 청소년들이 인간이기 때문에 누려야만 하는 많은 권리들은 청소년들의 손으로 직접 얻어 나가야 합니다. 청소년들은 인적 자원도 미래의 주인도 아닌, 이미 자신의 주인이고 사회의 주인이기 때문입니다.

위의 글은 청소년 인권 단체 아수나로의 홈페이지에 나와 있는 소개 글입니다. 어때요, 공감이 가나요? 청소년은 아직 미성숙하기 때문에 어른의 도움과 지도를 받아야 한다고 생각하는 사람들이 많은데, 과연 그럴까요? 독재에 저항하고 우리 사회의 민주화를 위해 싸운 4·19 혁명˙이나 5·18 민주화 운동˙을 시작하거나 활발하게 참

4·19 혁명 1960년, 대통령 이승만의 독재와 부정 선거에 항의하여 일어난 민주 항쟁. 전국의 중고등학생을 중심으로 시위를 벌여 이승만 정권을 무너뜨렸다. 4·19 혁명은 주권이 국민에게 있으며 국민은 불의한 권력에 저항한다는 것을 보여 준 역사적인 사건이었다.

5·18 민주화 운동 1980년 5월, 부당하게 정권을 장악한 전두환 일당에 맞서 전라남도 광주에서 일어난 대규모 민주화 운동. 당시 전두환 일당은 민주화를 요구하는 광주 시민들을 총칼로 진압해 수천 명의 사상자를 냈다.

여했던 이들이 중고생이었습니다. 이 사실만 봐도 답이 나오지요. 이렇게 당당한 청소년들이 있기에 우리나라의 민주주의가 진전할 수 있었습니다.

아수나로의 그간 활동을 보면 청소년들의 인권 문제를 개선하는 활동에 관심이 무척 많은 것 같습니다. 청소년의 인권을 침해하는 일에 '까칠하게' 나옵니다. 아수나로의 한 회원은 두발 규제에 대해 다음과 같이 얘기합니다.

> 많은 청소년들이 경험하는 두발 규제는 단지 학생들의 머리만을 규제하는 것이 아닙니다. 머리를 규제함으로써 순종적 태도를 몸에 익게 하는 것이지요. 여기에는 '주무르기 쉬운 국민'을 만들려는 의도가 숨어 있습니다. 이는 일제 강점기와 군사 독재 시절이라는 왜곡된 역사를 지나오면서 견고해진 것입니다. 심지어 두발 규제는 경쟁 위주의 교육 제도와 결합하면서 '머리를 자유롭게 하면 공부를 못한다.'는 해괴한 논리를 만들어 내기도 하지요.

구성원들의 두발을 공식적으로 규제하는 조직이 군대·교도소·학교뿐이라는 사실을 생각해 보면, 두발 규제가 통제를 위한 것이라는 위의 말이 일리가 있죠? 그리고 두발 규제가 공부와 관련이 있다면 스님들 성적이 가장 우수해야겠네요. 이와 같이 아수나로는 감수성이 깨어 있고 할 말을 할 줄 아는 '발칙한' 청소년 단체입니다.

일하는 청소년을 위해 만 15세~24세 청소년이라면 조합원으로 가입할 수 있는 '청소년 유니온'이라는 단체도 있습니다. 청소년 유

니온은 2014년 2월 만들어진 대한민국 최초 청소년들의 노동조합입니다. 이곳에는 학생, 학교 밖 청소년, 알바생, 취업 준비생, 직장인 누구나 가입할 수 있습니다. 이 단체는 특성화 고등학교 현장 실습장과 청소년 아르바이트 사업장의 열악한 근로 환경 문제를 개선하고, 학교에서 노동 인권 교육 실시를 요구하는 등 청소년의 노동 인권을 높이기 위해 다양한 활동을 펼쳐 나가고 있습니다.

이들 말고도 청소년들이 참여하고 활동할 수 있는 단체는 여러 곳이 있습니다. YWCA(기독 여성 청년회), YMCA(기독 청년 연합), 21세기 청소년 공동체 희망, 흥사단 아카데미도 청소년들의 참여로 이루어지는 단체입니다. 가까운 곳에서 함께해 보면 어떨까요.

촛불 시위의 의미를 기억해!

» 여론의 중요성

여러분은 2008년에 우리나라를 뜨겁게 달구었던 촛불 시위를 알고 있나요? 이명박 정부가 출범한 지 얼마 지나지 않아 일어난 일로, 처음에는 광우병 위험이 있는 미국산 쇠고기를 수입하느냐 마느냐 하는 문제로 시작했지만, 정부 정책에 반대하는 목소리를 가진 시민들의 의지를 하나로 모으는 역할을 한 사건이지요. 그때 시위를 시작한 것은 여중생·여고생들이었어요. 그렇게 학생들이 앞장서자 회사원, 주부, 대학생, 예비군 등 일반인들의 참여가 점점 늘어나고 두 달여 동안 시위가 이어졌습니다. 결국 대통령까지 나서서 국민에게 사과하고 정책 변경을 약속하는 등 사회적으로 큰 파장을 일으킨 사건이었지요.

여기서 중요한 점은 국민의 의견을 잘 듣고 정책에 반영하지 않으면 국민의 저항을 불러온다는 것입니다. 바로 여론의 중요성을 뜻하는 것이지요. 절대 왕권을 휘두르던 왕조 시대에도 '민심은 천심'이라는 말이 있었잖아요. 왕과 귀족의 세상이었을 것만 같던 시대에도 백성의 마음이 중요하다는 사실을 알고 이것을 존중했던 것입니다. 하물며 요즘 같은 민주주의 시대에 국민들의 마음을 읽는 일이 얼마나 중요하겠어요. 이 국민들의 마음을 여론이라고 합니다. 여론이란 어떤 사회 문제에 대한 사람들의 생각을 말하는 거죠.

그런데 왜 여론이 중요하다고 하는 걸까요? 현대 민주주의를 간접 민주 정치라 한다고 했지요? 4년 또는 5년에 한 번 우리의 대표를 뽑고 그들로 하여금 국가를 운영하도록 위임하는 것이지요. 그런데 선거로 뽑아 놓고 그냥 내버려 두면 대표들이 시민들의 뜻에 맞는 행동을 하거나 정책을 집행할까요? 그러지 않을 수도 있겠지요? 이럴 때 국민 다수가 옳다고 생각하는 방향으로 대표를 끌어가는 역할을 하는 것이 여론의 힘입니다.

몇 가지 예를 들어 볼까요. 지금 우리가 이용하는 고속 철도 케이티엑스 노선 중 신라의 옛 도읍인 경주를 지나는 노선이 문화재를 훼손할 우려가 있다는 여론에 따라 김영삼 대통령 임기 말에 문화재 밀집 지역을 피하는 노선으로 확정되었습니다. 또 래프팅으로 유명한 영월의 동강에 홍수 방지용 댐을 건설하려는 계획도 환경 파괴를 우려한 여론의 반대로 무산된 적이 있습니다. 이 계획은 당시 김대중 대통령까지 나서서 적극 추진했지만, 학계와 시민 단체가 적극적으로 반대하는 등 여론이 좋지 않아 결국 계획을 접었지요. 반면 지난 이명박 정부의 4대강 사업은 여론을 무시하고 밀어붙여 실행에 옮겼지요. 관련 학계와 시민 단체, 종교계까지 나서서 적극 반대하는 등 여론이 무척 나빴는데도 말입니다. 예산 낭비나 생태계 파괴를 둘러싼 논란이 많으며, 국민의 의사는 아랑곳 않고 밀어붙인 방식은 민주주의를 후퇴시켰다는 평가를 받고 있습니다.

이 사례들은 정책을 집행하는 과정에서 정치 지도자가 어떤 자세로 임해야 하는지 시사해 주는 점이 많습니다. 선거에서 당선되었다고 국민으로부터 모든 권한을 위임받은 것은 아닙니다. 비록 선거에서 국민의 지지를 받았더라도 중요한 정책을 집행할 때는 국민 여론의 움직임에 눈과 귀를 열어야 합니다.

건의 사항을 미리 검사받아야 한다면?

》 언론 자유 ❶

초등학생 때 일기에 학교 선생님에 대해 부정적인 얘기를 쓴 적이 있나요? 물론 없을 겁니다. 선생님이 일기를 검사하니 거기에 선생님에 대해 나쁜 내용은 적을 수 없었겠죠. 중고등학생 때도 마찬가지입니다. 학급 회의 때나 학생 대표로 교장 선생님을 만날 때도 할 수 있는 말과 해서는 안 되는 말이 구분되어 있지요. 학생 스스로 조심하기도 하지만, 학생부장 선생님이나 다른 분이 미리 주의를 주기도 합니다. 이래서는 학생의 올바른 의견이 제대로 전달되기 힘들겠죠. 하고 싶은 말을 할 자유가 있어야 구성원들의 간절한 의견이 조직을 이끄는 사람들에게 전달되고, 그것이 반영되어야 조직은 민주적이고 투명하게 운영될 수 있습니다.

사회에서도 마찬가지입니다. 여론이 만들어지고 알려지는 신문·방송 등의 언론이 자유로워야 민주주의가 제대로 작동할 수 있습니다. 그런데 예전 군사 독재 시절에 '보도 지침'이라는 것이 있었습니다. 신문과 방송을 감독하는 정부 기구인 문화공보부라는 곳에서 날마다 각 언론사에 이 보도 지침이라는 것을 내려보냅니다. 이 지침은 어떤 사건을 보도할지 말지, 또 보도한다면 어느 면에 어떤 크기로 보도할지, 어떤 표현을 사용해서 보도할지 등을 결정했습니다. 원래 언론사에서 해야 할 일을 정부가 마음대로 지정한 것입니다. 대통령의 활동과 관련해서는 문장을 통째로 만들어 내려보내 그대로 신문 기사로 싣게도 했지요. 뿐만 아니라 기사의 내용을 사전에 살펴보고 정권에 비판적인 내용의 기사는 수정하거나 삭제하도록 지시했습니다. 이런 상황에서는 언론의 자유는 고사하고 제대로 된 언론이 발붙이기조차 힘들며, 자연히 국민의 여론도 올바르게 형성될 수 없죠.

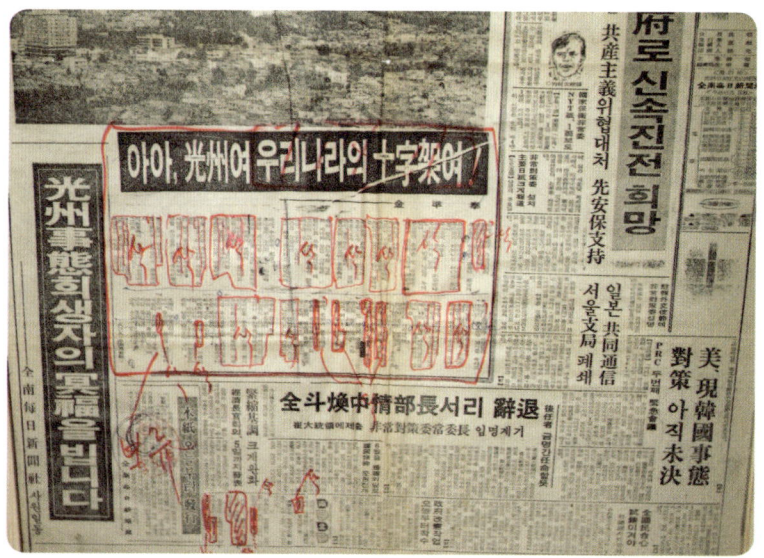

붉은 사인펜으로 검열된 신문 전남매일의 1980년 6월 2일자 1면으로, 검열관이 붉은 사인펜으로 내용을 삭제하라고 지시해 놓았다.

1980년대 후반 우리 사회가 민주화 과정을 거치면서 언론의 자유도 많이 확보되었습니다. 또한 과학 기술, 특히 정보 통신 기술의 발달은 우리 언론 환경에 많은 영향을 끼쳤습니다. 원래 바람직한 여론이란 국민 개개인의 생각이 모여야 맞지요. 그런데 그동안은 유력 정당이나 거대 언론사가 의견을 내면 대다수 국민들은 이에 따르는 수동적인 역할에 머물렀던 것이 사실입니다. 그렇지만 인터넷을 비롯한 정보 통신 기술의 발달 덕분에 국민 개개인이 의견 제시자로 바뀌었습니다. 그중에는 수십만, 수백만 명의 팔로어를 몰고 다니는 문인·연예인이 있는가 하면, 막강한 영향력의 파워 블로거들이 대기업의 제품 판매율을 높이기도 하고 떨어뜨리기도 합니다. 또한 유명인이 아니더라도 포털 사이트의 토론방에서는 크고 작은 의견을 생산하고 토론하여 사회적인 이슈로 만드는 평범한 우리의 이웃을 언제든 만날 수 있습니다.

이렇게 변화하는 환경 속에서 언론의 자유가 더욱 확보되기는 했지만 아직 부족한 점이 많습니다. 한 예로, 인터넷 포털 사이트나 공공 기관 게시판에 글을 올릴 때 반드시 주민 등록 번호와 이름으로 본인 확인을 거치게 하는 인터넷 실명제라는 것이 시행된 적이 있습니다. 정부에서는 인터넷 공간의 익명성을 이용해 허위 사실을 퍼뜨리거나 명예 훼손을 일삼는 일을 막기 위해서라는 허울 좋은 핑계를 댔죠. 그렇지만 다행히 인터넷 실명제가 언론의 자유를 침해한다는 헌법 재판소의 결정에 따라 없던 일이 되었습니다.

대부분의 선진국에서는 언론의 자유가 민주 사회를 이어 가기 위해 필수적인 요소라는 인식이 넓게 퍼져 있습니다. 또한 어쩌다

역효과를 낼지라도 언론의 자유를 우선으로 보호합니다. 여러분은 언론의 자유는 충분히 누리되, 그 책임 또한 생각하는 현명한 민주 시민이 되기를 바랍니다.

학교 신문에서 교장 선생님을 비판한다면?
>> 언론 자유 ❷

여러분 학교에는 학교 신문이나 학교 방송이 있나요? 여기에 만약 교장 선생님이나 학교 운영을 비판하는 내용이 나온다면 어떨까요? 예를 들면 복장 단속이나 야간 자율 학습 같은 것에 대한 학생들의 비판적인 의견 말입니다. 학교 신문이 학생들의 자율로 운영되지 않는 지금 같은 현실에서는 그런 기사가 나오기도 힘들겠지만, 만약 나온다면 신문을 담당하는 선생님이 교장 선생님에게 당장 불려 가지 않을까요? 아니면 신문이나 방송을 담당하는 학생들에게 장학금이나 상장을 주는 조건으로 아예 학교 운영에 부정적인 기사는 내지 못하도록 미리 교육시킬 수도 있겠죠.

대학에서도 학교에 비판적인 기사가 있으면 대학 당국은 학교 신문의 발간을 막아 버리고 그러면 학생들이 학교에 저항하는 일이 종종 있습니다. 이런 모습은 언론의 자유가 살아 있다는 증거이기도 하고, 언론 자유를 지키기가 그렇게 힘들다는 얘기이기도 하지요.

일반 사회에서 언론의 모습도 그렇게 긍정적이지만은 못합니다. 예전 독재 정권 시절에는 정부가 직접 압력을 넣어 언론을 통제했어요. 1970년대 초에 동아일보 사태라고 있었어요. 정권에 비판적이었던 당시 동아일보 기자들을 대량 해고하고 감옥에 집어넣기도 했던 일이죠. 이 일은 신문이나 방송이 광고로 운영된다는 약점을 이용해서 정부가 기업들에 광고를 내지 말라고 압력을 가하면서 시작되었습니다. 그 바람에 동아일보의 광고 면이 백지로 발간되었죠. 광고 지면에서 수익을 얻지 못하자 신문 경영진은 정권에 비판적인 기자들을 해고했습니다. 그 뒤 동아일보에서는 제 목소리를 내는 기사를 보기 어렵게 되었지요.

1990년대에 들어서는 압력을 행사하는 방법이 달라졌어요. 언론인들에게 직접적인 불이익을 주기보다는 사회적으로 많은 혜택을 제공함으로써 비판적인 입을 막으려 한 것입니다. 채찍보다 당근 전략을 썼다고나 할까요. 그래서 그때부터 신문이나 방송 기자들이 정치권의 부름을 받고 국회 의원 등으로 많이 나서게 되었죠. 그러면서 거대 언론사들의 힘이 더욱 커졌어요. 심지어 덩치가 커진 언론들은 자기들 입맛대로 여론을 만들어 나갔죠.

물론 기자들도 국회 의원이 될 수 있고, 그 자체가 나쁜 것은 아닙니다. 그렇지만 정치권력을 감시하고 비판하는 것이 언론의 첫째 임무입니다. 그 임무를 수행하던 사람이 바로 그 비판의 대상이던 정치권에 곧장 몸담고 그것을 당연하게 여긴다면, 바람직한 일이라고 하기는 어렵겠죠.

다행히 최근에는 거대 언론사들의 영향력이 줄어들고 있습니다. 예전에는 아침 출근 시간에 전철을 타면 신문을 보는 사람이 많았지요. 그러나 요즘 전철에서 신문 읽는 사람 본 적이 있나요? 거의 없지요. 대부분 스마트폰으로 뉴스를 검색합니다. 다양한 신문에 나온 다양한 기사를 마음대로 골라 보는 재미가 있잖아요? 또 요즘은 노트북과 카메라만 있으면 1인 방송국도 가능합니다. '포드캐스트'(팟캐스트)라는 시스템도 거대 언론사의 천편일률적인 보도 태도에 싫증 난 사람들에게 큰 인기를 얻고 있습니다. 뉴스 소비자인 시민들이 다양한 시각과 관점에서 사건을 바라볼 수 있게 된 점은 무척 바람직하지요.

그럼 우리 사회는 언론의 자유가 확실히 보장된 사회일까요? 아직은 고개가 갸우뚱해집니다. 그렇다면 도대체 무엇이 언론 자유를 또 힘들게 하는 걸까요? 이제 다른 방향에서 살펴볼까요?

광고주가 왕 노릇 한다고?

》 언론 자유 ❸

여러분이 학교 신문의 기자라고 칩시다. 학교 신문은 학교에서 돈을 대 주지만 그것만으로 충분하지 않을 수도 있지요. 그때 매점 사장님이 한 가지 제안을 합니다. 필요한 비용을 대 줄 테니, 그 대신 이번 신문에서 매점의 물건값이 너무 비싸다고 쓴 기사를 빼 달라는 거지요. 이럴 때 여러분이라면 어떻게 하겠습니까? 기자인 여러분은 딱 잘라 안 된다고 하겠지만, 신문 발행을 책임지는 담당 선생님도 그렇게 생각할까요? 만약 그 돈이 신문 발행에 꼭 필요하다면 그 기사 하나쯤은 양보해도 된다고 생각하지는 않을까요? 아, 이건 그저 가정일 뿐이니 절대 오해는 하지 마세요!

요즘 언론을 보면 정치권력에 의한 강압적인 통제보다 사회적인 특혜를 바라는 언론 종사자들의 자발적 검열이 언론 자유에 더 치명적인 해를 끼치고 있습니다. 물론 정의롭고 공정한 언론을 위해 뜻있는 언론인들이 나서기도 합니다. 반면 언론사 경영진의 정치적 입장이나 이익에 적합하지 않은 기사는 내보내지 못하게 막는 경우도 있지요. 기자를 회사 밖으로 내쫓기도 하고요.

심지어 부정과 비리를 파헤치는 데 앞장서야 할 기자들이 부도덕한 범죄로 검찰에 불려 가는 자기네 사장에게 부끄러움을 느끼지는 못할망정 "사장님 힘내세요!"라고 외친 일도 있답니다. 이 일은 우리나라 언론인들의 일그러진 자화상으로 사람들의 입에 두고두고 오르내리고 있습니다.

또 한 가지 큰 문제는 언론사 경영을 좌지우지하는 광고주, 즉 기업의 영향력이 지나치게 커져서 그들을 견제하고 비판해야 할 언론 고유의 역할을 못하게 막는다는 점입니다. 한 가지 예로 우리나라 최고의 재벌 총수가 생일을 맞았는데, 이에 관한 기사가 신문·방송 할 것 없이 거의 모든 언론사를 통해 약 200건이 넘게 보도되었습니다. 한 나라의 대통령에게도 그러지 않는데 일개 기업의 회장에게 왜 이렇게 많은 기자와 언론사가 관심을 쏟을까요? 그 이유는 바로 이 기업이 국내 최고의 광고주라는 데 있습니다. 즉 광고주에게 잘 보이기 위한 것이죠.

더 큰 문제는 이런 행동이 생일 축하 정도로 그치지 않는다는 것입니다. 몇 년 전 우리나라에서 바른 언론으로 알아주는 어느 주간

지 기자가 이 기업의 잘못된 행동을 비판하는 기사를 작성한 적이 있습니다. 그러자 그 기업의 광고가 줄어들 것을 우려한 경영진이 직접 나서서 그 기사를 삭제해 버렸습니다. 양심 있는 기자들이 집단으로 반발했지만, 끝내 기사를 낼 수 없었습니다. 결국 기자들이 모두 회사를 나가 다른 잡지사를 창간했습니다. 언론의 자유를 지키기란 여전히 쉬운 일이 아니죠.

여러분, 언론의 고유한 역할이 무엇일까요? 국민들의 올바른 여론을 담아내고 또 부정과 비리에 연결되기 쉬운 정치권력을 견제하고 비판하여 우리 사회를 건전하게 발전시키는 일이 아닐까요? 그런데 우리나라 언론은 이 본래의 역할에 충실한가요? 혹시 여러분도 재미있고 말랑말랑한 뉴스에만 길들여져서 어렵고 딱딱한 정치나 사회 뉴스는 피하고 있지 않나요? 언론 또한 시민이 감시하면서 제구실을 잘하면 응원하고 잘못하면 질책해야만 자기 할 일을 제대로 한다는 점, 잊지 마세요!

우리도 언론인!
》 청소년이 만드는 대안 언론

여러분은 '오답 승리의 희망'(오승희)이라는 말을 들어 봤나요? 오승희는 청소년들이 모여서 순수한 후원과 자발적 성금으로 만들어 내는 청소년 대안 언론입니다. 보통 신문이나 잡지를 만들려면 큰돈이 들고 사람과 시간이 많이 필요하지만, 의지만 굳건하다면

오답 승리의 희망

청소년들이 직접 만드는 대안 언론으로, 청소년들의 살아 있는 목소리를 들을 수 있다.

청소년들도 얼마든지 자신들의 소리를 담아낼 매체를 만들 수 있습니다. 오승희는 그 사실을 증명하는 신문입니다. 이들이 신문을 내며 한 말을 들어 볼까요.

그동안 우리에게 학교 신문은 그저 학교의 신문이었습니다. 교장 선생님이 '좋은 말씀' 한번 하시고, 가정 통신문에서나 한번쯤 본 듯한 이야기가 있지요. 차라리 가정 통신문을 엮어서 보는 게 더 편하지 않을까 하는 생각이 들기도 했습니다. 학교 신문은 학교 안의 이야기를 하는 신문입니다. 그리고 누가 뭐라고 해도 학교의 주인은 학생입니다. 하지만 (……) 학교 신문은 학교의 주인인 학생의 이야기를 하는 신문이라기보단, 학교에서 일방적으로 발행하는 종이 뭉치였을 겁니다. 이제 '일방적으로 만들어진 종이 뭉치'가 아니라, '우리의 이야기가 담겨 있는 신문'을 만들고자 합니다.

당차지 않나요? 학교 신문의 문제점과 바람직한 방향을 지적하고 있습니다. 오승희에 어떤 기사가 실리는지 궁금해지지요? 그럼 여기에 실린 기사를 한번 볼까요. 다음은 2012년 2월호에 실린 기사입니다.

> 지난 여름 전주 OO고 앞에서 청소년 활동가 '아도니스' 씨가 학생들에게 종교의 자유를 허용하라며 1인 시위를 진행하고 있었다. 이 학교는 1900년에 세워진 대표적인 기독교 종립 사학이다. 올해 초에는 신입생에게 개신교 프로그램 참여와 순종을 맹세하는 서약서를 제출하게 해 물의를 빚기도 했으며, 매주 예배 프로그램에 학생들을 강제로 참여하게 하는 것으로 알려져 있다. 이날 1인 시위에 나선 아도니스 씨는 "종립 사학이 아무리 종교 전파의 목적으로 설립됐다 해도, 공교육 시스템에 속해 있는 이상 초중등교육법, 유엔 인권 협약 등에서 명시한 종교의 자유를 침해할 수는 없는 거죠."라고 말했다.

학교 문제에 거침없이 비판적인 목소리를 내는 기사입니다. 이 신문은 이렇게 학생들의 살아 있는 목소리를 담고 문제를 파헤쳐 언론 고유의 역할을 충실히 해냅니다. 그리고 학교 안에서 벌어지는 문제를 해결하기 위해서는 무엇보다 학생들의 관심이 필요하다는 점을 일깨우고 있죠.

청소년 대상 언론은 여러 가지가 있지만, 청소년의 목소리를 담기보다는 어른이 청소년에게 바라는 이야기를 담는 경우가 더 많습니다. 때문에 청소년의 의견을 잘 담아낼 매체가 필요하죠. 이 요구에 따라 청소년들이 스스로 기사를 내고 편집하여 출판까지 하는

청소년 언론이 바로 '오답 승리의 희망'입니다.

이제는 크게 바뀐 인터넷 환경에서 큰돈 들이지 않고 청소년 자신의 얘기를 담아낼 수 있는 방법도 꽤 많이 있으니, 어때요? 여러분도 한번 기자로 나서 보지 않겠어요?

거짓말하는 언론도 있다!
》 올바른 대중 매체 활용 자세

여러분이 학교에서 수학 선생님에게 질문을 했는데, 선생님이 잠시 망설이더니 열심히 설명해 주었다고 칩시다. 그런데 집에 와서 참고서를 봤더니 문제를 푸는 방법과 답이 모두 틀린 거였어요. 그렇다면 과연 그 선생님에게 신뢰와 존경을 보낼 수 있을까요? 또는 같은 반 학생과 싸움을 했는데 분명 상대방 아이가 먼저 잘못을 저질렀는데도 그 학생이 평소 성적이 우수하다는 이유로 담임 선생님이 무조건 나만 나무란다면, 담임 선생님을 믿고 따를 수 있을까요? 언론도 마찬가지인 경우가 있어요.

여러분은 신문이나 방송이 언제나 정확하다고 생각하나요? 다음 기사를 살펴볼까요.

> 흉악한 범죄인 어린이 성폭행 사건의 범인이라며 OO일보가 1면 머리기사로 올렸던 사진이 사실은 무고한 시민의 얼굴이었던 것으로 드러나 논란이 일고 있다. 강력 범죄자를 사회에서 완전히 몰아내겠다는 취지로 시작한 얼굴 공개 보도가 한 시민에게 씻을 수 없는 상처를 남긴 것이어서 앞으로 피의자 얼굴 공개 방침에 논란이 일 전망이다.
>
> – OO신문

위 기사는 2012년 9월에 있었던 한 언론의 잘못된 보도를 지적하는 내용입니다. 우리나라처럼 좁은 땅덩어리에서 가장 많이 팔린다고 하는 큰 신문의 1면에 어떤 사람의 사진이 대문짝만 하게 어린이 성폭행범이라며 실렸습니다. 그런데 전혀 엉뚱한 사람의 사진이었죠. 어린이 성폭행범으로 잘못 알려진 그 사람의 억울한 심정은 오죽하겠으며, 그 사람의 가족과 친구들은 또 얼마나 곤란했을까요? 그러나 잘못된 보도였다는 사실이 밝혀졌는데도 신문에서는 아무도 주목하지 않는 한 귀퉁이에 짧게 몇 마디 사과 광고만 내고 끝냈습니다.

또 다른 사례도 많습니다. 여러분은 김일성이라는 사람을 아나요? 지난 1994년에 사망한 북한의 독재자이지요. 그런데 이 사람이 1994년 죽기 전까지 '죽었다'는 잘못된 보도가 여러 번 나왔습니다. 1986년에는 틀림없는 사실인 것처럼 호외(특별한 일이 있을 때 임시로 발행하는 신문)까지 발행되었습니다. 이 사례들은 사실을 보도하는 것이 기본인 언론으로서 해서는 안 되는 일이었죠.

사실을 보도하지 않는 것도 문제이지만, 공정성을 잃은 보도도 문제입니다. 지난 2009년 경기도 교육감 선거에서 초등학교 무상 급식을 공약으로 내건 후보가 국민의 지지를 받아 당선된 적이 있습니다. 2010년 지방 자치 선거를 앞두고는 초등학교 무상 급식을 공약으로 내건 후보들이 늘어났고요. 그런데 이를 대하는 특정 신문들의 보도 태도가 지나쳤습니다. 당시 그 신문들은 아래와 같은 제목으로 보도했죠.

무상 급식 공약은 표를 얻기 위한 불순한 목적의 '독버섯'

– ○○일보

국민을 속이고 해독을 끼치는 공약을 남발하는 출마자들

– △△일보

여론을 주도한다는 주요 신문들에서 무상 급식을 단순히 표를 의식한 정치적 쇼로 몰아붙였습니다. 그런데 불과 일 년 뒤 서울시에서 초등학교 무상 급식을 약속한 시장이 당선되고, 게다가 2012

년 대통령 선거를 앞두고는 국가가 모든 아이들의 급식을 책임져야 한다는 여론이 확고한 대세가 되었습니다. 또한 무상 급식은 대통령 후보들의 주요 공약이 되었습니다. 그러자 이때는 이 신문들이 정치적 쇼라고 몰아붙이지 않았고, '독버섯'이라며 매몰차게 비판하지도 않았습니다.

왜 그런 걸까요? 왜 갑자기 태도가 달라진 걸까요? 동일한 정책에 대해서 동일한 잣대로 보도하지 않고, 그것을 주장하는 정치 세력이 누구인지에 따라 보도 태도를 달리한 것입니다. 이런 언론은 결코 정의로운 언론이라고 할 수 없겠죠?

한편 기존 언론이 제 역할 못한다는 비판이 커지자, 바른 소리를 하고자 하는 언론인들이 팟캐스트를 대안으로 시도하기도 합니다. 기존 언론에 실망한 시민들이 팟캐스트를 찾아 듣고 있고요.

우리 친구들도 앞으로 되도록이면 달리 보도하는 두 가지 이상의 언론을 비교해 보면서 비판적인 자세를 갖추도록 해 보세요. 시민이 똑똑해야 언론들도 거짓말하지 않고 균형 있고 공정한 보도를 하게 됩니다.

팟캐스트 애플 아이팟(iPod)과 방송(broadcasting)을 합성한 신조어이다. 오디오 파일 또는 비디오 파일 형태로 뉴스나 여러 지식을 인터넷을 통해 제공하는 서비스로, 시민의 자율적인 여론을 형성하는 데 기여하고 있다. 팟캐스트의 영향력이 커진 이유는 전 국민의 필수품이 된 스마트폰을 통해 특정한 주제에 대해 다양한 정보를 얻을 수 있기 때문이다. 팟캐스트 방송은 2011년 '나는 꼼수다'가 커다란 인기를 얻기 시작한 뒤로 다양한 프로그램이 나왔다.

3

우리나라
헌법은
어떤 내용?

정치는 법에 따라, 법은 정치에 따라!
》법과 정치의 관계

앞에서 민주주의 사회의 정치란 사회의 다양한 이익을 대화와 타협으로 조정해 구성원들을 조화시켜 나가는 과정이라고 말했습니다. 그러면 그 조정의 결과물은 무엇일까요? 예를 들면 학급에서는 학기 초에 학생들이나 선생님의 의견을 담아서, 청소는 누가 어디를 하고 지각생은 어떻게 할지 등을 정해 학급 규칙이라는 것을 내놓죠. 국가도 마찬가지입니다. 국민의 기본권을 지키고 각 개인이나 집단의 이익을 보장하기 위해 서로 합의해서 규칙을 만드는데, 이것이 헌법이고 법률입니다.

그중 국민의 권리와 의무, 각 국가 기관의 역할, 우리 사회가 추구해야 할 방향 등을 규정해 놓은 최상의 가치 규범이 헌법입니다. 그래서 일제의 식민지 지배에서 벗어나 대한민국을 건국할 때 맨먼저 한 일도 헌법을 만드는 것이었습니다. 국민의 대표인 국회 의원들을 뽑고, 이들이 우리나라가 추구해야 할 가치와 국민의 권리·의무를 명시하고 국가 기관이 해야 할 일들을 규정한 헌법을 만든 뒤에야 대한민국 정부가 출범한 것이죠.

이와 같이 헌법은 국가의 기틀이며 우리 사회 구성원들의 합의를 토대로 만든 최상의 규범입니다. 따라서 정치와 헌법은 서로 밀접한 관련이 있습니다. 어찌 보면 정치의 결과물이 헌법이고, 정치는 그 헌법의 테두리 안에서 이루어진다고 생각하면 됩니다.

물론 헌법뿐만 아니라 다른 법률들도 정치적인 합의에 따라 이루어집니다. 예를 들어 세금을 올리자고 하면 부자들은 반대할 겁니다. 그러나 세금을 올림으로써 더 많은 혜택을 받게 될 일반인들은 대부분 찬성하겠지요. 이처럼 어떤 법을 정할 것인가 하는 문제에는 사람들 사이의 이해관계가 반영될 수밖에 없습니다. 그러므로 법을 정하는 데도 정치적인 문제가 관련됩니다. 그래서 법은 법학자나 판검사들이 모여서 정하는 것이 아니라 국민들이 직접 선거로 뽑은 국회 의원들이 정하게 하고 있습니다. 이것은 모든 민주 국가에서 공통적인 규칙입니다.

그렇다고 정치가 법보다 위에 있어야 한다는 뜻은 아닙니다. 정치나 이를 운영하는 정치인들도 기본적으로 법의 테두리 안에 있어야 합니다. 더구나 정치인들이 법을 만든다는 이유로 자기들에게

유리하도록 법을 바꾸어서는 곤란하지요.

이제 왜 법도 정치에서 다루는지 이해가 되었나요? 그렇지만 우리나라의 구체적인 법률은 법학 시간에 다루는 것이 맞으니, 정치시간에는 헌법만 다루기로 해요. 왜냐하면 앞에서 말한 대로 헌법에는 국민의 기본권과 국가 통치 기구들을 구성하고 운영하는 원칙이 들어 있거든요. 자, 그럼 우리나라 헌법에 대해 알아볼까요.

우리나라 헌법의 특징은?
>> 성문 헌법, 경성 헌법

일반적으로 헌법은 누가 만들고 어떤 형태로 존재하느냐, 그리고 개정 절차가 어떻게 되느냐에 따라 다양하게 나눕니다.

일단 우리 헌법은 성문 헌법에 속합니다. 문서 형태로 존재한다는 뜻입니다. 그럼 문서 형태가 아닌 헌법도 있냐고요? 있습니다. 영국·캐나다·뉴질랜드에는 문서로 이루어진 헌법이 없습니다. 그렇다고 이 나라들에 헌법이 없는 것이 아닙니다. 단지 문서로 된 헌법이 존재하지 않을 뿐, 전통적으로 권위를 인정받는 헌법이 관습의 형태로 존재합니다. 이를 문서의 형식을 갖추지 않은 법이라고해서 불문 헌법이라고 합니다. 마치 우리나라에서 어른을 보면 먼저 인사하는 것이 법에 나와 있지는 않지만 당연한 일인 것처럼 말이지요. 그러나 오늘날 대부분의 나라에서 헌법은 안정성과 명확성을 보장하기 위해 성문법 형태를 띠는 것이 일반적입니다.

또 헌법은 한 나라에서 최고 가치가 있는 기본법으로, 일반 법률과는 위상이 다릅니다. 그래서 우리나라에서도 헌법을 바꾸는 작업은 일반 법률을 개정하는 작업보다 까다롭게 만들어 놓고 있습니다. 일반 법률은 국회 의원 과반수의 찬성으로 새로 만들거나 고칠 수 있지만, 헌법을 바꾸려면 국회 의원 3분의 2 이상의 찬성이 필요하고 국민 투표까지 통과해야 합니다. 이와 같이 개정 절차를 까다롭게 하는 헌법을 경성 헌법이라고 합니다. 이것은 그만큼 헌법이 중요하고 또 권력 구조에 대한 내용을 포함하고 있기 때문에 헌법을 맘대로 개정하여 독재를 하는 일이 없도록 하기 위함입니다. 반대로 개정 절차가 일반 법률과 같은 헌법을 연성 헌법이라고 합니다.

우리나라 헌법은 어떻게 바뀌었나?
» 헌법 개정의 역사 ❶

우리나라 헌법은 1948년 5월 10일 최초로 실시된 국회 의원 선거에서 뽑힌 198명의 국회 의원들이 만들었습니다. 이들을 헌법을 만든 국회 의원이라고 해서 제헌 의회 의원이라고 합니다. 그리고 헌법이 공포된 날이 7월 17일이었는데, 이날을 제헌절로 기념하고 있습니다. 그 뒤 우리나라 헌법은 9차례 개정되었습니다. 헌법이 개정된 과정은 바로 우리 현대사의 굴곡과 같습니다. 그만큼 헌법이 정치적으로 매우 중요하기 때문입니다.

헌법 공포 기념우표 헌법은 사
회 구성원들이 합의한 최상의 규
범으로, 나라를 운영하는 가치와
방향이 담겨 있다. 1948년 7월 17
일, 헌법을 알리게 된 날을 기념하
여 발행한 우표의 모습이다.

먼저 초대 대통령이었던 이승만의 임기 중에 바뀐 헌법의 내용
을 알아볼까요. 이승만 대통령은 국민의 선거로 선출되지 않고, 국
회 의원들이 뽑았습니다. 이런 방식을 간접 선거 제도(간선제)라고
부릅니다. 그런데 대통령이 된 이후 정치적인 실패를 거듭해 국민
들이 국회 의원 선거에서 야당 의원들을 더 많이 뽑습니다. 야당이
다수가 되어 국회에서 치르는 간접 선거로는 이승만이 대통령에 당
선될 수 없게 된 것이죠. 이에 이승만은 대통령 선거 방식을 직접
선거 제도(직선제)로 바꾸려고 합니다. 국민이 직접 대통령을 뽑을
수 있게 바꾸려는 것이었죠. 그러나 이것은 한국 전쟁이던 당시

여당, 야당 여당은 대통령이 소속되거나 대통령을 배출한 정당을 말하고, 야당은 대통
령을 배출하지 못한 정당을 말한다. 여당은 대통령과 함께 정부 정책을 펴 나간다. 반면
야당은 다음 대통령 선거에서 정권을 잡기 위해 노력한다. 국회 의원 선거에서 야당이 여
당보다 더 많이 당선되었을 때를 '여소야대'라고 한다. 간접 선거 제도를 실행할 때 여소야
대가 되면 이어지는 대통령 선거에서 대통령이 바뀔 가능성이 높아진다.

의 상황과 민주주의에 대한 국민들의 의식이 별로 없는 점을 악용하려는 속셈이었습니다. 이승만은 헌법 개정 투표 당시 국회 의사당을 군인과 경찰로 둘러싸고 공포 분위기를 조성한 상태에서 표결을 진행했습니다. 첫 번째 개헌은 이렇게 올바르지 못하게 이루어졌습니다.

두 번째 개헌도 이승만 정권을 연장하기 위한 목적으로 진행되었습니다. 최초 헌법에서는 대통령을 두 번까지만 할 수 있게 되어 있었습니다. 그런데 초대 대통령, 즉 이승만에 한해서는 이런 제한을 폐지하여 계속해서 대통령을 할 수 있도록 바꾸었습니다. 그럼으로써 이승만은 본격적으로 독재자의 길로 들어섰지요.

그렇지만 국민들이 가만히 보고만 있지는 않았습니다. 마침내 국민들의 울분이 폭발한 것이 1960년의 4·19 혁명입니다. 이승만은

4·19 혁명 때 대치중인 시민과 계엄군 시민들이 분개해 일어나자 이승만은 군대를 투입해 진압하려 했다. 시민들이 탱크 앞에서도 물러나지 않는 모습이다.

잇달아 네 번째로 대통령을 하고 싶어 부정 선거를 저질렀는데, 이에 반발한 시민들이 일어나 이승만 정권은 드디어 무너졌습니다.

이승만 대통령의 독재를 경험한 국민들은 더는 대통령 중심제를 유지해서는 안 되겠다고 생각했습니다. 그래서 의원 내각제로 헌법을 바꾼 것이 3차 개헌입니다. 이렇게 들어선 장면 총리의 정부를 2공화국 정부라 하고, 이전 이승만 대통령 정부를 1공화국이라고 구분합니다. 헌법 개정과 집권 세력의 성격을 고려해서 공화국을 구분하는 기준으로 삼지요.

독재를 위해 헌법이 계속 바뀌었다고?

>> 헌법 개정의 역사 ❷

4·19 혁명을 통해 들어선 2공화국 정부는 국민들의 요구에 따라 혁명 기간 중 시위대를 죽이거나 다치게 한 부패 관료들을 처벌하는 특별법을 만들었습니다. 그 과정에서 특별법 제정의 근거를 마련하기 위해 네 번째로 헌법이 개정됩니다.

그런데 4·19 혁명으로 태어난 정부가 채 일 년도 지나지 않아 1961년 5·16 쿠데타로 무너집니다. 총칼로 정권을 빼앗은 박정희 일당은 강력한 통치력으로 국가를 이끌어야 한다며 헌법을 바꾸었습니다. 즉 4년 임기에 두 번까지 재임할 수 있는 대통령 중심제로 돌려놓은 것입니다. 이것이 다섯 번째 개정이었고, 이때 등장한 박정희 정부를 3공화국이라고 합니다.

총칼로 정권을 장악하는 좋지 않은 사례를 남긴 박정희는 계속해서 장기 집권을 위한 권력 강화에 나섭니다. 마침내 1969년에는 대통령을 세 번까지 할 수 있게 헌법을 바꿉니다. 이것이 여섯 번째 개헌입니다. 이 헌법에 따라 1971년 실시된 대통령 선거에서 박정희는 야당의 김대중 후보에게 근소한 차이로 이겨 가까스로 당선되었습니다.

하마터면 대통령에 당선되지 못할 뻔했던 박정희는 국민의 직접 선거로는 다시 대통령이 되기 어려울 것이라 생각했습니다. 그래서 1972년 대통령 선거를 간접 선거로 만들고 대통령을 몇 번이고 계속할 수 있게 헌법을 고쳤습니다. 이것이 바로 악명 높은 유신 헌법입니다. 일곱 번째 헌법 개정이었으며, 이때부터를 4공화국이라고 합니다.

유신 헌법은 대통령이 국회도 해산할 수 있고 국민의 기본권마저 대통령의 명령으로 정지시키며, 국회 의원의 3분의 1을 대통령

5·16 쿠데타 쿠데타란 무력 등의 비합법적인 수단으로 정권을 빼앗는 일을 말한다. 5·16 쿠데타는 1961년 5월 16일 박정희가 이끄는 군인들이 2공화국을 폭력으로 무너뜨리고 정권을 장악한 정치 변동을 말한다.

이 임명하고 사법부 판사도 대통령이 임명하는 등 권력 분립의 기본 원칙까지 무시한 우리나라 최악의 헌법이라는 오명을 남깁니다.

그렇지만 장기 집권을 이어 가던 박정희도 서서히 끓어오르던 시민들의 민주화 열망에 부딪혔습니다. 부마항쟁이 일어나 정권의 기반이 흔들리게 되지요. 결국 박정희는 1979년 10월 26일 권력 내부의 갈등으로 인해 부하의 총탄에 맞아 죽습니다.

부마항쟁 1979년 10월 부산과 마산에서 대학생을 비롯한 시민들이 독재에 반대하여 일으킨 민주 항쟁. 당시 시민들은 박정희 독재 정권 타도를 외치며 방송국을 점령하고 세무서를 파괴하는 등 강력한 시위를 벌였다. 그러나 박정희는 계엄령을 선포하고 군대를 출동시켜 진압했다.

국민의 항쟁과 민주화의 시작
>> 헌법 개정의 역사 ❸

우리 국민들은 20년 가까이 권력을 쥐었던 독재가가 사라지자 민주화가 이루어질 것이라 기대했습니다. 그러나 1979년 12월 12일에 또 쿠데타가 일어납니다. 대학생들은 군사 정권의 등장을 막기 위해 날마다 시위를 벌였습니다. 우리나라는 다시 군사 정권이 들어서느냐 시민들이 원하는 민주 정권이 들어서느냐 하는 갈림길에 놓이게 되었죠.

마침내 쿠데타 세력은 1980년 5월 18일 광주에 군대를 동원해 총칼로 시민의 시위를 진압합니다. 그러자 시민들도 총으로 무장하고 군대에 맞서 싸웁니다. 이것이 바로 5·18 민주화 운동입니다. 그렇지만 시민들이 제아무리 총으로 무장했다 한들 군인들을 이길 수야 있겠습니까? 수천 명의 사상자가 나왔고, 이들의 피가 민주화의 전당에 바쳐집니다. 결국 민주화 운동을 총칼로 진압한 쿠데타 세력이 정권을 잡음으로써 우리나라의 민주화는 또다시 좌절됩니다.

이렇게 국민들을 총칼로 학살하고 등장한 것이 전두환 정권입니다. 전두환 정권은 대통령 임기를 7년으로 연장하되 한 번만 하고 끝내는 것으로 헌법을 개정합니다. 이것이 여덟 번째 개정이며, 이때부터를 5공화국이라고 합니다. 그러나 5공화국은 명칭만 바뀌었을 뿐 그 내용에서는 박정희 정권의 연장, 곧 군부 독재의 연장이었습니다.

전두환은 임기가 끝날 때가 되자 자기 친구인 노태우에게 대통

6월 민주 항쟁 때 시위하는 시민들 경찰이 쏜 최루탄이 터져 가루가 도로에 흩어져 있고, 시민들이 최루탄의 독한 냄새를 날리기 위해 곳곳에 불을 피워 놓았다. 한국 민주주의의 발전은 괴로움과 어려움을 이겨내고 이루어졌다.

령 자리를 물려주려 했습니다. 이에 반발하여 대통령 선거를 국민의 직접 선거로 다시 바꾸자는 저항 운동이 전국에서 일어납니다. 이것이 1987년의 6월 민주 항쟁입니다. 이 항쟁은 드디어 국민의 승리로 끝나, 그해 10월 대통령을 국민이 직접 투표하여 뽑는 것으로 바꾸고 임기는 5년으로 줄입니다. 아홉 번째 헌법 개정이었죠. 이로써 대통령 선출권이 마침내 국민에게 돌아왔습니다.

어때요? 조금 복잡한 내용이죠. 그렇지만 이 헌법 개정 과정이야말로 우리 현대 정치사를 꿰뚫어 볼 수 있는 좋은 역사 자료이고, 우리 사회에서 헌법이 어떤 의미인지를 잘 말해 주는 것이기도 합니다.

지금도 우리 사회에서는 헌법을 어떻게 바꾸는 것이 가장 바람직할지를 두고 논의가 많습니다. 어느 나라에서든 헌법이야말로 정치에 대한 그 시대 국민들의 생각을 잘 대변해 주는 결과물이거든요. 우리도 같이 생각해 봅시다. 대통령 임기를 5년으로 끝나게 함으로써 독재자의 출현을 막는 것이 좋을까요, 아니면 미국처럼 4년씩 두 번 정도는 허용해서 대통령의 생각을 충분히 정책으로 이끌어 내고 어느 정도 결과를 낼 시간을 주는 것이 좋을까요? 또 지나치게 대통령에게 집중된 권력을 어떻게 하면 적절히 나눌 수 있을까요?

우리 헌법은 어떤 원리로 만들어졌을까?
》 헌법의 원칙 ❶ 국민 주권

우리 헌법 1조 1항은 "대한민국은 민주 공화국이다."이고, 2항은 "대한민국의 주권은 국민에게 있고, 모든 권력은 국민으로부터 나온다."입니다. 이와 같이 우리 헌법은 대한민국의 주권이 국민에게 있다는 점을 밝히고 있습니다. 이것을 국민 주권주의라고 합니다. 입법·행정·사법의 모든 국가 권력의 출발점이 국민이며, 특정 권력이나 집단이 이것을 독점할 수 없음을 나타내는 것입니다.

이 원리를 실현하기 위한 제도적 장치로는 우선 참정권의 보장을 들 수 있습니다. 참정권이란 정치에 참여할 권리를 뜻합니다. 선거에서 후보자를 선택하거나(선거권) 직접 후보자로 나서는 것(피

선거권)을 말하지요. 그리고 꼭 선거에 나서지 않더라도 공직을 맡는 것, 예를 들어 선거로 뽑힌 대통령에 의해 국무총리나 장관으로 임명되거나 시험을 거쳐 공무원이 되는 것 등을 말합니다.

이 밖에도 언론·출판·집회·결사의 자유도 국민 주권의 원리를 실현하기 위한 것입니다. 왜냐하면 하고 싶은 말을 마음대로 하고 뜻이 같은 사람들끼리 모여 의견을 내세울 수 있어야 주인 된 노릇을 할 수 있기 때문입니다. 또 정당 설립을 자유롭게 할 수 있는 것이라든가 선거 제도와 투표 제도 등을 두는 것도 모두 국민 주권의 원리를 실현하기 위해서입니다.

그러나 이런 제도를 갖춰 놓았다고 해서 국민 주권의 원리가 저절로 실현되는 것은 아닙니다. 민주주의는 제도적 장치 외에도 시민의 민주적인 의식과 행동이 함께 있어야 가능하거든요. 혹시 여

주인처럼
생각하고 행동한다면

이 나라의 주인이 정말 나야

러분 주변의 어른들은 투표할 때만 정치 전문가가 되고 그 뒤에는
또 정치에 무관심해지지 않나요? 명심하세요! 언제나 깨어 있는 시
민이라야 주권이 의미 있다는 점!

모두가 잘살 권리가 있다!
» 헌법의 원칙 ❷ 복지 국가

여러분은 가난이 누구 탓이라고 생각하나요? 개인 탓일까요, 아
니면 사회의 잘못일까요? 전통적으로 우리 사회에서 가난은 개인
이 게으르기 때문이라고 여겼으며, 그래서 "가난 구제는 나라님(임
금)도 못한다."는 속담까지 있지요. 하지만 과연 그럴까요?

지난 1997년 아이엠에프(국제 통화 기금) 구제 금융 때를 생각
해 볼까요. 그때 기업들이 줄줄이 망하고 그 때문에 직장을 잃은 실
직자가 많이 생겼습니다. 이때의 가난이 게으르고 일을 안 한 탓일
까요? 그렇지 않지요. 그것은 노동자 개개인의 문제가 아니라 우리
사회의 구조적인 문제 때문이었어요. 오늘날 가난이 꼭 개인의 잘
못에서 비롯되는 것만은 아닙니다. 그리고 설령 가난이 개인의 잘
못에서 비롯됐다 할지라도, 그것을 내버려 두지 않고 최소한의 인
간적인 삶을 보장하도록 국가가 노력해야 한다는 것이 복지 국가
의 원리입니다.

세계가 근대 자본주의로 들어선 이래 빈익빈 부익부 현상이 심
해졌습니다. 그럼에도 국가는 사회 질서 유지 기능에만 충실해야

하고 경제는 간섭하지 말아야 한다는 작은 정부론이 힘을 발휘했습니다. 이런 생각이 빈부 격차를 해소하려는 국가의 노력에 발목을 잡아 왔죠. 그러다 1930년대에 세계적인 경제 공황을 겪고서야 국민이 골고루 잘살게 되어 소비 능력이 늘어나야 국가 경제 전체가 잘 굴러갈 수 있다는 것을 깨닫습니다. 이에 정부가 모든 국민이 잘살 수 있게 보장하고 경제 전체가 잘 굴러갈 수 있게 해야 한다는 큰 정부론이 힘을 얻습니다. 이런 생각이 발전한 결과, 정부가 국민의 생활까지 책임져야 한다는 복지 국가 이론이 자리 잡게 된 것입니다.

우리 헌법 34조에서는 "모든 국민은 인간다운 생활을 할 권리를 가진다."며 복지 국가의 원칙을 밝히고 있습니다. 그리고 119조에서는 "국가는 균형 있는 국민 경제의 성장 및 안정과 적정한 소득의 분배를 유지하고 (……) 경제에 관한 규제와 조정을 할 수 있다."며 복지 국가를 위한 국가의 역할을 규정하고 있습니다.

특히 2012년 대통령 선거에서 복지 문제가 큰 관심사로 떠오르면서 복지는 모든 후보의 대표적인 공약이 되었습니다. 대통령 후보들이 서로 앞다투어 복지부터 챙기겠다고 했죠. 그러면 이제 우리나라 국민들도 다양한 복지 혜택을 누리게 되는 걸까요?

그동안 우리나라 헌법에는 복지 국가를 지향한다고 오랜 기간 쓰여 있었습니다. 그렇지만 실제로는 그 길로 가지 않았죠. 왜 그랬을까요? 자유권이나 평등권 같은 다른 기본권의 경우에도 그렇듯이, 국가의 주인인 국민들이 그것을 요구하거나 목소리를 높이지 않았기 때문입니다. 국민이 스스로 자신의 권리를 위해 목소리를 높이고 정부가 정말 복지에 힘쓰는지 감시할 때 비로소 복지 국가

경제 공황으로 가난에 시달리는 이주 노동자 여위고 주름 가득한 얼굴로 앞날을 걱정하고 있는 어머니에게 허기에 지친 아이들이 기대어 있다. 정부가 국민의 생활을 책임져야 한다는 생각에 큰 공감을 불러일으킨 사진으로, 도로시어 랭의 〈이주민 어머니〉(1936)이다.

로 가는 문이 열립니다. 그러나 그러지 않고 누군가 다른 사람이 챙겨 줄 거라고 기대만 하고 가만있으면 복지 국가는 결코 실현되지 않습니다. 두드리면 열립니다! 여러분은 두드리고 싶은 마음이 가득한가요?

우리나라만 편하면 될까?

》 헌법의 원칙 ❸ 국제 평화주의

한 나라 안에서 폭력이 발생하면 경찰이 출동해 사태를 해결할 수 있습니다. 그런데 나라와 나라 사이에 전쟁이 일어나면 어떻게 해야 할까요? 옛날에는 그야말로 힘센 나라가 무조건 이기는 거였고, 이것이 곧 법이요 질서였습니다. 그러나 인류는 두 차례의 세계 대전을 거치면서 현대의 전쟁에서는 이기는 나라도 지는 나라도 없이 모두 큰 희생을 치를 뿐이라는 사실을 깨달았습니다. 그래서 국제 연합(UN)을 만들어 세계 평화와 전쟁 방지를 위한 노력을 기울이고 있습니다.

우리나라도 이에 발맞추어 헌법에 국제 평화주의 원칙을 담았습니다. 헌법 5조에 "대한민국은 국제 평화의 유지에 노력하고 침략적 전쟁을 부인한다."고 했으며, 이어 6조에는 외국과의 조약과 국제 법규에 관한 효력을 인정하고 외국인의 지위를 인정하는 내용을 담았습니다. 개인들끼리도 약속을 잘 지켜야 서로 간에 믿음이 쌓이듯 국가와 국가 간에도 약속을 잘 지켜야 믿음이 쌓이고, 그래야

조약 국가 간의 권리와 의무를 합의해 규정한 협약, 협정, 규약, 선언, 의정서 등을 말한다. 예를 들면, 한국과 미국 사이에 체결된 한미 상호 방위 조약이나 여러 나라가 함께 논의한 사항을 기록한 오존층 파괴 물질에 관한 의정서가 해당한다.

다툼도 적어지겠지요. 또한 우리가 외국인들의 권리를 지키고 존중해 주어야 그 나라에서도 우리나라 사람들의 권리를 존중하지 않겠습니까? 국제 사회에서도 서로 믿고 존중하는 관계가 이루어져야 평화적으로 살아갈 수 있는 것입니다.

이와 같이 우리나라는 헌법에 평화를 수호하고자 하는 의지를 나타내고 있지만, 그 실행에는 어려움이 있습니다. 일단 '침략 전쟁'이 무엇이냐에 따라 할 수 있는 전쟁과 해서는 안 되는 전쟁이 나뉘는데, 이것이 좀 모호할 수도 있습니다.

예를 들어 상대방이 나를 먼저 때렸을 때 이를 맞받아치는 것은 어쩔 수 없는 방어적인 성격의 전쟁입니다. 그렇다면 상대방이 나를 때리려 한다는 생각만으로 상대를 먼저 공격하는 것은 어떨까요? 2003년 미국이 이라크를 상대로 벌인 전쟁이 이에 해당하는데, 그때 미국은 이라크에 대량 살상 무기가 있다고 주장했습니다. 이어 이라크를 공격하여 한 달 만에 이라크 전체를 차지하고 승리를 선언했죠. 그러나 이후 이라크에서는 대량 살상 무기가 발견되지 않았습니다. 이 전쟁은 미국이 석유 자원을 확보하고 서남아시아 지역에서 영향력을 확대하기 위한 것이었다는 의견이 일반적입니다. 즉 부당한 침략 전쟁이었다는 뜻이지요.

그런데 우리나라는 당시 미국의 요청으로 국군을 이라크에 보냈습니다. 미국을 도와 전쟁에 참여하게 되었지요. 정부는 우리나라에 큰 영향력을 행사하는 미국과의 관계를 돈독히 하고 국가의 이익을 위해서라고 주장했습니다. 그러나 이 일을 두고 그때는 물론이고 지금도 헌법에 담긴 국제 평화주의 정신을 손상시켰다는 비판

이 제기됩니다.

국제 사회는 평화롭게 유지되기도 하지만 때로는 이익이 있으면 힘센 국가가 달려들어 빼앗고 주변 국가에 으름장을 놓는 것이 현실이기도 합니다. 이런 상황에서 평화를 지키기 위해 노력한다는 것은 쉽지 않은 일이죠. 그렇지만 어느 경우라도 인간에 대한 사랑과 생명에 대한 존엄함을 토대로 평화를 위한 노력을 그치지 말아야겠습니다.

통일은 왜 해야 할까?

» 헌법의 원칙 ❹ 평화 통일 지향

해마다 제가 가르치는 반에 들어가서 학생들에게 묻습니다. "이 중에 통일이 되면 좋겠다고 생각하는 사람 손들어 볼까요?" 그러면 아주 소수의 학생들만 눈치를 보면서 쭈뼛쭈뼛 손을 듭니다. 나머지 많은 학생들은 오히려 "못사는 북한하고 통일하면 우리가 손해잖아요."라거나 "북한 사람들 싫어요."라는 이유로 통일에 반대합니다. 우리나라가 분단된 지 어느덧 70년이 다 되어 가고 이제는 분단 1세대인 북한 출신 어르신들도 대부분 세상을 떠나셨으니, 이런 반응이 어쩌면 당연한지도 모릅니다. 그렇지만 남북한이 약 70억 세계 인구 가운데 같은 한국어를 써서 뜻이 통하는 유일한 민족이자 전 세계에 단 하나 남은 분단국가라는 점을 생각해 보길 바랍니다.

우리 헌법 4조에는 "대한민국은 평화 통일을 지향하며 (……) 평화적 통일 정책을 수립하고 이를 추진한다."고 되어 있으며, 66조에는 대통령에게 평화 통일을 위해 성실히 노력할 의무가 있다고 규정하고 있습니다. 그러나 분단 자체가 우리의 뜻이 아니었듯 통일도 우리 민족만의 문제는 아닙니다. 우리의 과거와 현재가 이것을 잘 말해 줍니다. 즉 분단 자체가 주변 강대국들에 의해 이루어졌고, 한국 전쟁 때도 주변 강대국이 참전했으며, 지금도 북한 핵과 미사일 문제에는 강대국들의 움직임이 영향을 끼칩니다. 그럼에도 우리가 평화 통일을 이루어야 하는 까닭은 단지 '그래야만 한다.'는 당위성 때문만은 아닙니다.

첫째, 가장 시급한 인도주의적 차원의 문제 때문입니다. 사실 제 아버님도 북한에서 월남한 분단 1세대입니다. 63년째 고향 땅을 밟아 보지 못하고, 북녘에 두고 온 부모 형제의 생사도 모른 채 지내고 있습니다. 서울에서 겨우 1~2시간이면 닿을 거리에 고향을 두고 몇십 년째 오가지 못한다는 것은 큰 비극입니다.

둘째, 개성 공단의 사례에서 알 수 있듯이 남한의 기술과 자본력이 북한의 노동력과 만나면 상당한 국제 경쟁력을 갖출 수 있습니다. 남북한 긴장 관계가 계속되고 금강산 관광이 중단되어도 개성 공단만은 마지막까지 남북 관계를 이어 주었습니다. 2000년부터 누적 생산액이 약 32억 달러(우리 돈 3조 8천 4백억 원)에 이르렀다는 점을 보더라도 통일이 양측의 경제적인 이익을 위해 꼭 필요하다는 것을 알 수 있지요.

셋째, 통일이 대한민국과 한민족의 성장 가능성을 높여 주는 길이라는 점 때문입니다. 지금의 대한민국은 분단 때문에 대륙으로 가는 길이 막혀 있습니다. 유럽이나 아시아 대륙으로 갈 때 반드시 바다나 하늘을 이용해야 하는 형편이죠. 그러다 보니 시간도 오래

개성 공단 남북이 협력하여 북쪽 지역인 개성시에 개발한 공업 단지. 지난 2000년 남한의 기업 현대와 북한이 공업 단지를 만들기로 합의한 것이 시작이다. 남한의 자본과 기술력, 북한의 토지와 노동력을 합쳐 가격과 품질 면에서 국제 경쟁력을 갖춘 제품을 생산하는 것이 목적이다. 개성 공단은 남북 교류와 협력의 대표적인 상징이다. 그러나 2013년 봄 잠시 폐쇄되었다가 재개되었고, 2016년 2월에 또 폐쇄되는 등 부침을 겪었다.

걸리고, 수출품이나 수입품의 가격도 비쌉니다. 그런데 만약 통일이 되어 우리가 육로로 아시아 대륙은 물론 유럽을 오간다면 지금보다 훨씬 싼 가격에 더 빨리 사람과 물자가 오갈 수 있습니다. 생각해 보세요! 부산에서 출발해 북한을 거쳐 중국이나 러시아로 들어가고, 다시 시베리아 횡단 철도 등을 이용해 유럽 여행을 떠나는 날을! 가슴 설레지 않나요? 그리고 금강산·백두산 등 가곡으로만 듣던 우리의 금수강산을 누구나 손쉽게 직접 볼 수 있는 날이 온다는 사실이!

마지막으로, 통일이 분단 유지에 들어가는 천문학적인 비용을 줄여 준다는 사실 때문입니다. 2019년 기준으로 우리나라의 국방비는 나라 예산의 14퍼센트 수준인 약 47조 원이라는 매우 큰돈입니다. 군인의 수만도 60만 명에 이릅니다. 게다가 군인의 대부분은 활동력이 왕성한 20대 초반입니다. 북한도 이에 못지않은 국방비와 군사력을 유지하고 있을 테니, 남북한을 합친다면 정말 엄청난 비용과 인력이 분단 때문에 낭비되고 있는 것 아닙니까?

통일이 되어 지금과 같은 긴장 관계에서 벗어난다면 남북한 모두 국방비와 군사력을 획기적으로 줄여 이것을 사회 발전을 위해 사용할 수 있겠지요? 그러면 모두 지금보다 더 좋은 사회에서 안전하게 살고, 국제 사회에서도 조롱받지 않는 떳떳한 한민족이 될 수 있을 겁니다.

인간의 기본적인 권리란 무엇일까?

» 기본권의 성격

다른 사람을 죽거나 다치게 해서는 안 된다는 '법'은 언제 만들어졌을까요? 조선 시대? 고려 시대? 고조선 시대에도 이런 행위들을 금지하는 8조법이라는 규범이 있었다고 합니다. 그럼 법이 만들어지기 이전에는 남을 죽거나 다치게 해도 되었을까요? 그렇지는 않았겠지요. 인간의 생명과 신체는 언제 어디서나 가장 기본적인 가치일 테니까 말입니다.

법이나 그 법을 만드는 국가의 존재 여부에 상관없이 인간으로서 가지는 기본적인 권리를 천부 인권, 즉 태어나면서부터 하늘이 부여한 기본권이라고 합니다. 하늘에서 받은 권리이기에 당연히 어느 누구라도, 어떠한 권력이라도 침해할 수 없는 것입니다.

물론 전통 사회에서는 신분제의 영향 때문에 이 권리를 구체적으로 보장받기 힘들었습니다. 그렇지만 근대에 들어서 이 권리를 핵심으로 한 사회 이념이 등장하고 제도적으로 뒷받침되어 실질적인 보장을 받게 됩니다.

어느 경우에도 인간의 기본권을 해칠 수 없다는 사상은 우리 헌법에도 잘 나타나 있습니다. 헌법 10조에 "모든 국민은 인간으로서의 존엄과 가치를 가지며, 행복을 추구할 권리를 가진다. 국가는 개인이 가지는 불가침의 기본적 인권을 확인하고 이를 보장할 의무를 진다."고 되어 있습니다. 기본권이 천부 인권의 성격을 띤다는 점을 인정하는 것이죠.

그러나 현실에서는 기본권의 범위를 어디까지로 할 것인지, 또는 행복 추구권은 어디까지 보장해야 하는지 등을 놓고 논의가 벌어집니다. 예를 들어 국민의 행복 추구권을 보장하기 위해 국가에서 어린이집을 곳곳에 설치할 것인가, 아니면 모든 부모에게 육아 수당을 지급할 것인가 하는 논의가 있죠. 또 교육받을 권리를 보장한다면 모든 국민에게 무상 교육을 중학교까지 보장할 것인가, 고등학교까지 또는 대학교까지 보장할 것인가 하는 문제도 있습니다.

또 기본권이 서로 충돌하여 문제가 생기기도 합니다. 예를 들어 아파트에서 나는 마음대로 뛰놀고 싶은데, 그렇게 하면 아래층 사람은 시끄러워서 살 수가 없겠죠? 그럴 때는 서로 처지를 이해하고 조금씩 양보하면 아무 문제가 없겠지요. 그렇지만 실제로는 종종 살인마저 벌어지는 무서운 상황으로까지 이어지는 현실을 보면 그렇게 쉬운 일이 아닌 거죠.

이처럼 내가 자유롭게 살 권리와 상대방이 편안하게 살 권리가 충돌할 때는 어떻게 해야 할까요? 천부 인권으로 알려진 기본권도 일상생활에서는 상대방과 또 공공의 이익을 위해 어느 정도 제한 당할 수밖에 없는 것이 현실입니다. 다음 글에서 기본권이 어떤 때, 어떻게 제한되는지 알아볼까요.

경찰이 지나가는 사람의 머리카락을 자른다고?
>> 기본권 제한의 한계

경찰관이 거리를 지나가는 남자의 머리가 길다며 가위로 싹둑싹둑 자른다면 어떨까요? 또 여자는 치마가 너무 짧다며 경찰이 체포한다면? 아마 여러분은 무슨 말도 안 되는 소리냐고 하겠지요. 하지만 1970년대, 그러니까 여러분 부모님 세대에 흔히 볼 수 있던 광경입니다. 이 정도면 요즘 중고등학생들에 대한 두발과 복장 단속쯤은 그야말로 '새 발의 피'지요? 특히나 요즘 텔레비전에서 인기를 많이 끌고 있는 걸 그룹들은 전부 경찰서에 가 있겠네요. 어쨌든 국민의 기본적인 인권을 보장받지 못하던 시절이 우리나라에 비교적 최근까지 있었다는 얘기입니다.

그때는 경찰이 거리를 지나는 시민을 멈춰 세우고 "잠시 검문이 있겠습니다." 하면서 신분증 제시를 요구하고, 심지어 가방을 열어보라고 해서, 응하지 않으면 경찰서로 연행하기도 했습니다. 이런 일을 당하는 사람의 처지에서는 마치 범죄자 취급을 당하는 것 같아 몹시 기분 나쁘고 또 수치심까지 느낄 수 있겠지요. 그래서 지난 2009년에는 한 용감한 시민이 다시는 이런 부당하고 억울한 일이 발생하지 않게 사법부에 호소하여 2년 가까운 소송 끝에 이긴 일도 있었습니다.

그런데 도둑이나 강도가 범행을 저지르고 도망갈 때 경찰이 검문을 하고 짐을 뒤져 볼 수 없다면 범인을 체포하는 데 어려움이 따를 테고, 그러면 시민들은 오히려 더 위험에 빠지는 것 아닐까요? 이런 때를 대비해서 우리 헌법에서는 국민의 기본권을 제한할 때의 방법과 절차를 정해 놓고 있습니다.

앞에서 우리 헌법 10조에 국민의 기본권과 행복 추구권을 보장해 놓았다고 했지요. 반면 37조에는 이런 규정이 있어요. "국민의 모든 자유와 권리는 국가 안전 보장·질서 유지 또는 공공복리를 위하여 필요한 경우에 한하여 법률로써 제한할 수 있으며, 제한하는 경우에도 자유와 권리의 본질적인 내용을 침해할 수 없다."라고요.

여러분은 첩보 영화나 드라마에서 국가 정보원 요원들이 간첩이나 산업 스파이를 잡기 위해 전화 통화 내용을 몰래 엿듣거나 미

국가 정보원 국가의 정보 활동에 관한 기본 정책을 수립하고 집행하는 국가 기관. 줄여서 국정원이라 한다. 1961년 중앙 정보부로 출발하여 1981년부터는 국가 안전 기획부(안기부)라고 했으며, 1999년부터 국가 정보원으로 이름을 바꾸었다. 원래 간첩과 산업 스파이 색출 등 국가 안보와 관련된 일이 주 업무이지만, 과거 독재 정권을 뒷받침하는 정보기관으로 악명이 높았다. 오늘날에도 부당하게 대통령 선거에 개입한 것으로 밝혀지는 등 제 역할에 충실하지 않아 사회적으로 큰 문제가 되고 있다.

행하는 장면을 본 적이 있지요? 원래는 국민들에게 이러면 안 되지만, 적에게서 국가 안보를 지키려면 어쩔 수 없는 경우가 있겠지요? 이럴 때 다른 사람과 마음 놓고 전화할 수 있는 기본권이 제한받는 것입니다.

텔레비전 뉴스를 보다 보면 사람들이 광장에서 집회를 열거나 길거리를 행진하는 시위 장면이 가끔 나옵니다. 그럴 때 경찰들이 죽 늘어서서 행진하는 사람들을 인도하거나, 어떤 때는 강제로 해산시키는 모습을 봤을 겁니다. 민주 사회에서는 누구나 자신들의 뜻을 알리고 이익을 위해 모여서 행동할 수 있습니다. 그렇지만 그로 인해 다른 선량한 시민들에게 피해를 주면 곤란하겠지요? 그래서 우리나라에서는 '집회와 시위에 관한 법률'에 질서 유지를 위해 국민의 자유가 때로는 침해당할 수 있음을 밝히고 있답니다. 다만 이 법률은 지나치게 질서를 강조해서 국민의 올바른 목소리를 탄압하려 한다는 비판이 제기되기도 합니다.

마지막으로 공공복리를 위해 기본권을 제한하는 사례를 살펴볼까요? 간혹 뉴스를 보면 주유소 휘발유값을 서로 짜고서 똑같이 올리거나 통신 요금을 똑같이 올려서 처벌받은 회사들 얘기가 나옵니다. 이를 '담합'이라고 합니다.

파는 회사가 몇 군데 안 되는 물건을 회사들이 담합해서 값을 올렸다면, 이건 잘하는 일일까요 잘못하는 일일까요? 물론 나쁜 짓이지요. 그런데 그 회사들이 혹시 "물건값을 얼마 받을지는 회사에서 자유롭게 정하는 문제 아니냐? 그걸 왜 국가에서 간섭하느냐?"고 할 수도 있겠지요. 이럴 때 공공의 이익을 위해서 회사의 부당한 이익을 제한할 수도 있도록 만들어진 법률이 있습니다. 바로 '독점 규제 및 공정 거래에 관한 법률'(공정 거래법)입니다. 물건값을 올리건 내리건 그건 자유입니다. 그렇지만 담합, 즉 짬짜미를 해서 결정하는 행위는 공공의 이익을 침해하는 것이므로 법률로써 규제한다는 것이지요.

또한 멀쩡하게 사용하고 있는 이동 전화의 서비스를 이동 통신 회사가 일방적으로 없애거나, 특정 유형의 세탁기나 텔레비전의 생산을 중단해 버리는 것도 공공의 이익을 해치는 행위가 아닐지 생각해 볼 일입니다.

이와 같이 우리 헌법에서는 국민의 천부 인권인 기본권을 최대한 보장하되, 공공의 이익을 위해 기본권을 제한할 때는 관련 법률

에 따라서 하게끔 규정하고 있습니다. 물론 이런 경우에도 권리의 본질적인 내용은 침해할 수 없게 하고요. 그래서 아무리 흉악한 범죄자라 해도 고문 등의 가혹 행위는 못하게 합니다. 또 성폭력 범죄자에게 전자 발찌를 채울 것이냐, 약물을 투입해서 성 충동을 억제할 것이냐 등이 논란이 되는 것은 기본권의 제한이 어디까지 가능한지와 관련된 문제입니다.

그리고 중요한 논쟁이 또 있죠. 사형제입니다. 사형제를 폐지할 것이냐 말 것이냐의 문제인데, 여러분은 어떻게 생각하나요? 죽어도 마땅한 범죄를 저지른 사람은 죽여도 될까요? 아니면, 아무리 흉악한 범죄자라도 생명을 빼앗는 형벌은 있을 수 없는 것일까요? 단순한 문제는 아니니 잘 생각해 보기 바랍니다. 참고로, 세계적으로는 사형제를 폐지한 나라가 조금 더 많습니다.

내가 가진 천부 인권은 무엇일까?
>> 기본권의 내용 ❶ 평등권

담임을 하면서 학생들에게 듣게 되는 언짢은 애기 가운데 하나가 "선생님은 왜 저한테만 이러세요?" 하는 항의입니다. 분명 여느 학생들과 다름없이 똑같이 칭찬하고 똑같이 혼낸 것 같은데, 그 학생 처지에서는 다른 학생들과 차별한다고 느꼈나 봅니다. 여러분도 학교생활을 하면서 그런 느낌을 받은 적이 있나요? 선생님들도 사람이다 보니 잠시 감정에 휘둘리는 때가 있을지는 몰라도 의도적으로 차별하는 경우는 없을 테니, 그런 오해는 하지 말기를 바랍니다.

어쨌건 우리 사회에서 가장 기분 나쁜 것 중 하나가 바로 남들과 다르게 차별받는 일일 겁니다. 그래서 그런지 우리 헌법에도 다른 기본권에 앞서 평등권에 관한 조항이 먼저 나옵니다. 헌법 11조에 "모든 국민은 법 앞에 평등하다. 누구든지 성별·종교 또는 사회적 신분에 의하여 정치적·경제적·사회적·문화적 생활의 모든 영역에 있어서 차별을 받지 아니한다."고 규정되어 있습니다.

지금은 그렇지 않지만 십 년쯤 전까지는 출석부 앞 번호는 남학생부터 시작하고, 남학생 번호가 다 끝나야 여학생 번호가 시작되었습니다. 몇십 년 동안 아무도 이상하게 생각하지 않고 고치려 하지 않았던 이 불합리한 일은 지방의 한 여중생에 의해 고쳐졌습니다. 이 여학생은 출석부 번호가 남학생이 끝나야 여학생이 시작되는 불평등을 고쳐 달라고 요구했고, 여성부에서 이 요구를 받아들여 "이것은 합리적인 구별이 아닌 데다 여성은 항상 남성 다음이라는 차별적인 감정을 초래하는 남녀 차별 행위다."라고 결정했습니다. 지난 2001년의 일이지요.

그렇지만 모든 차별 문제가 이렇게 명확한 결론이 나오는 것은 아닙니다. 군대에 다녀온 남성이 취업할 때 가산점을 주는 것이 군대에 갈 기회조차 없는 여성이나 장애인을 차별하는 것은 아닌지, 사회적 약자인 시각 장애인에게만 안마 일을 할 수 있게 보장하는 것이 혹시 다른 이의 직업 선택권을 빼앗는 것은 아닌지, 또 운동선수들에게 뷔페 음식점 출입을 제한하는 것이 옳은지 등이 논쟁이 됩니다. 이처럼 차별 문제는 결론을 내기 쉽지 않은 경우가 종종 있습니다.

전통적인 신분 사회가 무너지고 형식적으로는 누구나 평등한 사회가 되었다지만, 아직도 우리 사회 대부분의 사람들은 권력과 돈에 의한 차별이 존재한다고 생각하는 것 같습니다. "모두가 법 앞에 평등하다고 생각하느냐?"는 질문에 많은 시민들이 "그렇지 않다."고 대답합니다. 돈과 권력을 가진 사람과 못 가진 사람의 차이에서 차별이 비롯된다면 사람들은 모두 돈과 권력을 좇아 인생을 건 도박을 일삼게 되고, 그것을 차지하지 못한 사람들의 실망감은 사회에 대한 불신으로 이어질 것입니다.

이제 우리 사회는 단순한 신분상의 차별을 넘어 진정 사람이 그 자체로만 평가받고 또 그 사람이 하는 만큼 제대로 평가받는 건강한 사회가 되어야 하겠습니다. 참! 우리나라에 들어와 있는 외국인 수가 전체 인구의 4퍼센트 수준인 200만 명 정도라는 것 알고 있나요?

몸과 마음을 자유롭게!
》 기본권의 내용 ❷ 자유권

중국을 여행해 본 적이 있나요? 얼마 전에 여행사의 여행 상품이 아닌 자유 여행으로 중국에 갔다가 깜짝 놀란 적이 있습니다. 왜냐하면 중국에서는 공항은 물론이고 어느 철도역에서나 표를 끊을 때 신분증을 보여 줘야 했거든요. 중국인들은 우리나라의 주민등록증 같은 '거민 신분증'을 보여 줘야 표를 끊을 수 있고, 외국인은 여권을 보여 줘야 표를 끊을 수 있지요.

그 표에는 어디에서 어디까지 가는 누구라는 내용이 다 나와 있고, 중간중간 역무원의 검사도 받아야 했어요. 또 공항은 물론이고 철도역에 들어갈 때도 가진 짐을 엑스레이 투시기에 넣어 검사 받아야 해서 여간 불편한 게 아니었습니다. 당연히 사람도 금속 탐지기 검사를 받고요. 같이 간 중국인 친구에게 물어보니 표를 끊지 않고 무임승차하는 사람을 단속하기 위한 거라고 했지만, 그보다는 국민들을 통제하기 위한 수단으로 보였어요. 생각해 보세요. 내가 언제 어디로 다니는지 국가가 다 알아낼 수 있다면 끔찍한 일 아닌가요? '자기 마음대로 돌아다닐 수 있는 자유가 이렇게 소중한 것이로구나!' 하는 것을 잘 느낄 수 있는 시간이었습니다.

이처럼 사람이 자신의 신체와 이념, 양심 등의 자유를 마음껏 누

릴 수 있는 권리를 자유권이라고 합니다. 자유권은 기본권 중에서 가장 역사가 오래되고 또 핵심적인 권리입니다.

여러분, 영화나 드라마에서 경찰이 범죄 혐의자를 체포할 때 가장 먼저 하는 말이 무엇인지 들어 봤나요? 바로 "당신은 묵비권을 행사할 수 있으며, 변호인을 선임할 수 있습니다."라는 말입니다. 이게 바로 유명한 미란다 원칙입니다. 비록 범죄를 저지른 사람이라도 법률 전문가가 아닌 이상 자신에게 불리한 진술을 할 수도 있으므로, 변호인의 도움을 받지 못하는 상태에서는 묵비권을 행사할 수 있음을 미리 알리는 것이죠. 이것은 1966년 미국 연방 대법원이 미란다라는 사람의 주장을 받아들여 인정한 원칙으로, 우리나라에서도 도입한 중요한 법 원칙입니다. 이런 절차를 두는 이유는 사람의 신체를 구속할 때는 그만큼 신중해야 하기 때문입니다.

이렇듯 신체의 자유를 제한할 경우에는 적법 절차의 원리를 중요하게 생각하여 구체적으로 규정하고 있습니다. 즉 국민의 자유권을 비롯한 기본권을 제한할 때에는 반드시 국민의 대의 기관인 국회에서 만든 법률에 근거를 두어야 하고, 또 공정한 절차에 따라야 한다는 원리입니다. 미란다 원칙도 적법 절차의 원리에 따른 절차 가운데 하나이며, 이 원리에 따른 장치로는 다음과 같은 것들도 있습니다.

누군가를 범죄 용의자로 체포할 때는 경찰관 마음대로 해서는 안 되며, 법원에서 발급한 체포 영장 없이는 누구도 잡아갈 수 없다는 영장주의가 있습니다. 이는 신체의 자유를 구속할 때는 행정부가 아닌 사법부의 결정에 따라 신중히 해야 한다는 것입니다. 구속당한 피의자도 자기가 꼭 구속되었어야 옳은지를 다시 한 번 판단해 달라고 요구할 수 있는 구속 적부 심사제도 있습니다. 이것들은 신체의 자유를 보장하기 위한 여러 법적 장치입니다. 그만큼 신체의 자유가 무엇보다 중요하다는 뜻이겠지요?

여러분은 경찰관 아저씨가 무서운가요, 무섭지 않은가요? 경찰이 무섭지 않고 친근하게 느껴지는 사회가 정말 기본권이 잘 보장되는 바람직한 사회겠죠.

> **피의자** 범죄를 저질렀을 것으로 의심을 받아 수사 기관의 수사 대상이 되는 사람. 아직 재판에서 범죄를 확정받지 않은 자로, 판결받을 때까지 무죄로 추정하여 인권을 보호한다.

정치는 내 손으로!

» **기본권의 내용 ❸ 참정권**

참정권이란 정치에 참여할 권리입니다. 주권을 가진 국민의 권리를 실현할 수 있는 장치죠. 우리 국민이 국가 정책에 직접 참여할 수 있는 대표적인 권리로는 국민 투표권, 국민 발안권, 국민 소환권을 들 수 있어요.

첫째, 국민 투표권은 국가의 중요한 일을 국민 전체가 참여하는 투표를 거쳐 결정할 수 있는 권리입니다. 예를 들면 헌법을 바꾸거나 그 밖에 국가 안전 보장에 관한 중요 사안으로 대통령이 국민 투표에 부치는 것 등이 있어요.

그런데 우리나라의 국민 투표는 줄곧 헌법 개정만을 표결했습니다. 즉 국민 투표가 매우 제한적으로 실시되어 왔지요. 아마도 국민 투표에 부칠 것이냐 말 것이냐를 대통령이 결정하다 보니, 국민 투표에 부치자는 주장이 대통령의 권한을 훼손한다고 여기는 듯해요. 반면 유럽에서는 국민 투표가 정책을 결정하는 중요한 수단 가운데 하나이며, 의회나 헌법 재판소에서 주도하기도 합니다. 영국은 유럽 연합(EU)에 가입할지 말지를 국민 투표에 부쳐 결정했고, 스위스는 외국에 군대를 파견할지 말지를 국민 투표에 부쳐 결정했답니다. 우리나라도 국민적 저항을 불러왔던 미국산 쇠고기 수입 문제라든가 4대강 사업 같은 것을 국민 투표에 부쳤으면 어땠을까요? 국가의 중요 정책을 국민이 직접 결정하게 함으로써 국가적 차원의 혼란과 갈등을 줄일 수 있지 않았을까요?

둘째, 국민 발안권은 국가 정책에 중요하고 꼭 필요한 내용이라고 생각하면 국민이 직접 안건을 낼 수 있는 권리입니다. 즉 국민이 직접 헌법 개정안이나 법률을 의회에 제출하는 것이지요. 지금 우리나라에서는 채택하고 있지 않지만, 스위스·오스트리아와 미국의 일부 주 등에서 실시하고 있습니다.

그런데 우리나라에서도 한때 국민 발안권을 행사할 수 있었다는 사실, 알고 있나요? 1962년에 헌법을 바꿀 때, 선거권자 50만 명 이상의 찬성으로 헌법 개정을 제안할 수 있게 하는 국민 발안제가 채택되었지요. 그러나 안타깝게도 1972년에 민주주의를 후퇴시킨 유신 헌법이 등장하면서 사라지고 말았습니다.

셋째, 국민 소환권은 선거로 뽑은 국민의 대표가 임기 중 국민의 의사와 반대되는 일들을 한다고 판단되면 뽑아 준 국민이 직접 그들을 다시 불러들일 수 있는 권리입니다. 말하자면 주인의 말을 잘 듣지 않으면 쫓아낸다는 의미라고나 할까요. 그러나 우리나라에서는 아직 도입하지 않았습니다.

다만 지방 자치 단체장이나 지방 의원을 소환할 수 있는 주민 소환제는 부분적으로 도입하고 있어요. 주민 소환제는 정치인에 대한 가장 확실하고 직접적인 통제 수단입니다. 지방 자치 단체장과 지방 의원의 독단적인 행정 운영과 비리 등을 막는 것이 목적이지요. 일정한 비율 이상의 선거인(선거권이 있는 사람)이 소환을 요청하면 소환 투표를 실시하고, 투표에서 진 단체장이나 의원은 자리에서 물러나야 합니다.

국회 의원도 소환하려면 국회에서 법률을 만들어야 하는데, 국회

국민 소환권은 국민의 기본적인 권리 1910년, 술·도박·성매매를 묵인하는 미국 시애틀·워싱턴 시장의 소환을 요구하는 시민들이 청원서를 접수하는 모습이다. 당시 시장은 소환 투표 결과에 따라 물러나게 되었다. 민주주의 국가에서 국민 소환권은 기본 권리이다.

의원들은 자신들을 쫓아낼 수 있는 법을 만들기는 싫은가 봐요. 국회 의원에 대한 국민 소환권은 국민이 주인인 민주주의 국가에서 꼭 필요한 권리 아닐까요? 뽑을 권리가 있다면 내쫓을 권리도 당연히 있어야 하는 것 아닐까요? 그렇지 않으면 루소가 한 다음 말처럼 되겠지요. "국민은 투표를 할 때만 주인이 되고 선거가 끝나면 노예로 돌아간다."

위의 세 가지 말고도 국민이 정치에 참여하는 방법은 또 있어요. 선거에 나선 공직 후보들 중 마음에 드는 사람을 뽑는 선거권, 자신이 직접 공직 후보자로 나서서 국민들의 선택을 받을 수 있는 피선거권, 또 선거에 나서지 않고도 시험을 치르는 방법으로 공무원이 되어 공적인 직무를 담당할 수 있는 공무 담임권 등이 있지요.

참! 선거에 참여할 수 있는 나이는 앞에서 알아보았죠. 우리나라는 만 18세부터 투표를 허용하는데, 그보다 훨씬 어린 나이에 투표를 허용하는 나라가 여럿 있다는 얘기도 했고요. 여러분이 올바른 선택을 할 자신만 있다면 투표 연령을 낮춰 달라는 주장도 할 수 있겠죠. 그리고 공직 선거에 후보자로 나서는 데에도 나이 제한이 있답니다. 대통령은 40세 이상, 국회 의원을 비롯한 그 밖의 공직 선거에는 25세 이상이 되어야 출마할 수 있답니다.

사람답게 살 권리!
>> 기본권의 내용 ❹ 사회권

앞에서 헌법의 구성 원리를 말하면서 복지 국가의 원리를 얘기했지요? 다 같이 잘사는 사회가 되면 좋겠지만, 자본주의 사회가 되면서 안타깝게도 부자는 가진 돈으로 더 부자가 되고 가난한 사람은 더 가난해지는 현상이 나타났습니다. 지금도 상당한 돈이 있어야 투자를 해서 더 돈을 벌지 않나요? 반면 돈이 없는 사람은 먹고살기 힘든 상황이고요.

이러한 빈부 격차는 사회를 불안하게 만들고 삶의 행복을 앗아가는 중요한 원인이라는 분석이 많아요. 이른바 '묻지 마 범죄'도 삶의 희망을 찾을 수 없는 사람들이 절망에 빠져 저지르는 범죄라고들 말하잖아요. 그리고 가난한 사람들이 많아지면 경제 전체에도 좋지 않은 영향을 끼칩니다. 물건이 잘 팔려야 상품을 만들어 내는 회사들도 잘 돌아가는데, 가난한 사람들이 많으면 물건을 살 수 있는 사람이 적어지니까 경제가 잘 굴러가지 않게 되거든요.

그래서 현대 사회에 들어와서는 모든 사회 구성원이 최소한의 인간다운 생활을 누려야 실질적인 평등이 이루어질 수 있다는 생각이 지배적입니다. 이것이 바로 사회적 기본권, 즉 사회권입니다. 국가 권력으로부터 개인을 지켜 내는 자유권을 소극적인 기본권이라고 하는 반면, 사회권은 국가에 무언가를 요구하는 권리라는 의미에서 적극적인 기본권이라고 합니다. 사회권은 1919년 독일의 바이마르 헌법에 최초로 규정되었습니다.

우리 헌법에도 교육받을 권리, 근로의 권리, 환경권, 노동 3권 등을 보장하고 있습니다. 단, 이 권리도 저절로 주어지는 것은 아닙니다. 그것을 얻어 내기 위한 국민들의 노력과 사회적 의식 수준에 따라서 구체적인 실현 방안이 달라집니다. 마치 무상 급식이 여론의 힘에 의해 국민의 당연한 권리로 인식되어 실현된 것처럼 말입니다. 국민들의 의지와 노력이 있다면 무상 교육, 무상 의료도 먼 훗날의 일만은 아니라는 점 명심해야겠지요?

이 가운데 노동 3권은 설명이 좀 필요하겠네요. 앞에서 노동자가 왜 단결해서 힘을 모아야 하고, 국가는 왜 그 권리를 보장해야 하는

바이마르 헌법 1919년 제정된 독일 공화국 헌법으로, 바이마르는 의회가 열린 곳의 지명이다. 근대 헌법 역사에서 처음으로 개인의 소유권도 사회 전체의 이익과 조화를 이루어야 하고, 재산권 행사도 공공복리에 적합해야 한다는 내용을 담았다. 무엇보다 인간다운 삶의 보장을 규정함으로써 현대 헌법의 모범이 되었다.

지 설명했지요? 바로 노동자의 이익을 위해서라고 했습니다. 그럼 노동자의 이익을 보장해 주는 것이 왜 국가 전체에 이익이 될까요?

여러분은 우리나라 노동자의 수가 얼마나 되는지 아세요? 통계청 발표에 따르면 임금 노동자의 수는 2013년 1월 기준 약 1,700만 명입니다. 월급 받고 근무하는 사람의 수가 이 정도이고, 함께 딸린 가족들까지 합한다면 우리나라 5천만 인구 대부분이 노동자 가족인 셈입니다. 그러니 노동자의 이익을 보장하고 그들이 충분한 임금을 받아 구매력이 높아져서 물건을 많이 살 수 있어야 경제 전체가 잘 굴러가겠죠? 따라서 노동자의 삶이 행복해져야 국민 전체가 행복해진다는 논리가 성립하는 겁니다.

그래서 노동자들이 노동조합을 설립할 권리(단결권), 노동조합이 회사 측과 노동 환경이나 임금 등을 놓고 협상을 벌일 권리(단체 교섭권), 이 협상이 이루어지지 않을 경우 최후의 방법으로 일을 안 하겠다는 파업의 권리(단체 행동권)를 보장하는 것이죠. 물론 단체 행동권에 꼭 파업만 있는 것은 아닙니다. 각종 시위를 벌이거나, 일을 아주 천천히 하거나(태업) 하는 등의 방법도 있습니다. 파업을 하면 월급을 못 받거나 회사가 망할 수도 있기 때문에 파업은 노동자들도 최후에나 사용하는 방법이지요. 자, 이제 왜 헌법에까지 노동자의 권리를 보장하는지 이해가 되었나요?

권리 보장을 위한 권리
》 기본권의 내용 ❺ 청구권

앞에서 여러 기본권을 배웠습니다. 그런데 이런 기본권들이 실제 생활에서 잘 보장되고 있을까요? 그러면 좋겠지만, 그렇지 않은 경우도 있겠죠?

예를 들어, 내가 사는 동네에서 이런 일이 있었습니다. 여름철 홍수에 대비해서 하천에 배수 펌프장이라는 것을 만들어 놓습니다. 비가 많이 오면 펌프를 가동하여 하천의 물을 밖으로 빼서 하천이 넘치는 것을 막는 장치이지요. 그런데 비가 많이 오는 어느 날, 배수 펌프장을 관리하던 공무원이 깜박 잠이 드는 바람에 펌프를 가동하지 못했습니다. 그사이 하천이 넘쳐서 주변 집들이 물에 잠기고 말았죠. 이럴 때 이 억울한 동네 주민들의 손해는 누가 배상해야 할까요? 바로 국가입니다. 왜냐하면 그 공무원을 고용한 것이 국가인데, 그 공무원의 잘못으로 손해가 났으니 국가가 물어 줘야 한다는 것이죠. 물론 액수가 적으면 그 공무원이 직접 물어 줄 수도 있지만,

보상과 배상 보상은 법에 어긋나지 않은 적절한 행위를 했는데도 타인에게 손해를 끼쳤을 때 금전적으로 물어 주는 것을 뜻한다. 배상은 실수나 불법 행위로 타인에게 손해를 끼쳤을 때 금전적으로 물어 주는 것을 뜻한다. 예를 들어 수사 기관에서 정상적인 수사를 거쳐 피의자를 구속했는데 나중에 무죄로 밝혀지면 보상을 받고, 고문 등의 불법 행위가 있었다면 배상을 받는 것이다.

수십 채의 집이 물에 잠겼으니 그건 힘들겠죠? 이런 경우 국가에 손해 배상을 청구할 권리를 국가 배상 청구권이라고 합니다.

이 밖에도 여러 청구권이 있습니다. 내가 누구에게 돈을 꿔 주었는데 갚지 않는다면, 나는 법원에 재판을 신청하여 그 돈을 갚으라는 판결을 구할 수 있습니다. 이것을 재판 청구권이라고 합니다.

만약 여러분이 아무 잘못도 없는데 억울하게 범죄자로 몰려 감옥에 갇혔다가 무죄로 풀려난다면 그 피해에 대해 보상을 요구할 수 있습니다. 이것을 형사 보상 청구권이라고 합니다.

여러분은 유영철 사건이라고 들어 봤나요? 유영철은 연쇄 살인을 저지른 사람인데, 이 사람에게 아무 이유 없이 억울하게 희생당한 사람들은 어디에서 보상을 받을 수 있을까요? 범인이 재벌이 아니라면 보상은 힘들겠죠? 이럴 경우 국가에서 생명을 잃거나 신체적인 손해를 입은 국민에게 일정한 보상을 하도록 하고 있는데, 이것을 범죄 피해자 구조 청구권이라고 합니다.

한편 내가 우리 법률에 뭔가 부족한 점이 있다고 생각하면 국회에 이러이러한 법을 만들어 달라고 문서로 요구할 수 있습니다. 무언가 부족하거나 부당한 점을 바꿔 달라고 국가 기관에 요구할 수도 있고요. 이 권한을 청원권이라고 합니다.

지금까지 여러 청구권을 배웠는데, 어려운가요? 이거 하나만 기억하면 돼요. 기본권이 제대로

보장되지 않는다면 국가 기관에 그 보장을 요구할 수 있고, 기본권이 침해당했다면 보상이나 배상을 요구할 수 있다는 것입니다.

나는 대한민국 국민으로서 무얼 해야 하나?
》 국민의 의무

지금까지는 우리가 대한민국 국민으로 이 땅에 살면서 누릴 수 있는 권리를 알아보았습니다. 하지만 세상에 어디 권리만 있겠어요? 당연히 해야 할 의무도 있겠지요. 국민의 의무는 예전부터 있었던 고전적 의무와 현대에 들어오면서 새로 추가된 현대적 의무로 나누어 볼 수 있어요.

먼저 고전적 의무로는 국방의 의무와 납세의 의무를 들 수 있습니다. 건강한 대한민국 남자라면 누구나 다녀와야 하는 군대! 그런데 이건 우리나라만의 의무는 아니랍니다. 전 세계적으로 보면 군대를 운영하는 방법에는 크게 두 가지가 있어요. 일정한 나이에 다다르면 누구나 군대에 다녀와야 하는 징병제와 원하는 사람만 군대에 가는 모병제가 있지요. 그럼 당연히 모병제가 좋은데 우리나라는 왜 징병제를 택했냐고요? 그 이유는 우리나라가 아직도 전 세계에서 유일한 분단국가이자 현재도 전쟁이 진행 중인 '휴전' 상태라는 점 때문이지요.

다른 나라들은 어떨까요? 그리스·덴마크·노르웨이 등 70여 개 국가가 징병제를 운영하고 있으며, 미국·영국·프랑스 등 100여 개

국가에서는 모병제를 시행하고 있습니다. 세계적인 추세는 점점 모병제로 옮겨 가고 있으니, 여러분도 한번 기대해 볼까요? 하지만 북한이나 이스라엘 같은 나라들에서는 여성도 징병의 대상이니, 그것보다는 우리가 훨씬 낫죠?

가끔 선생님에게 이런 것을 묻는 어른들도 있어요. "세금은 왜 내야 하는 건가요? 피땀 흘려 번 내 돈인데, 꼭 나라에 뺏기는 것 같아요." 여러분은 어떻게 생각하나요? 세금은 과연 나라에 뺏기는 돈일까요? 그건 정부가 국민들의 세금으로 어떤 일을 하는지 알아보면 되겠죠. 우선 나라의 살림살이를 세금으로 운영합니다. 즉 철도나 공항·도로·항구 같은 사회 기반 시설을 마련하고, 국민들을

세금 납부 왕이 군림하던 시절에는 세금을 내는 일이 못마땅한 일이었다. 그러나 민주주의 사회에서는 세금을 걷고 사용하는 것에 대해 시민이 뽑은 대표들이 모여 결정하며, 시민의 행복과 이익을 위해 세금을 사용한다.

교육하는 의무 교육 제도를 운영하는 데에도 사용하지요. 그리고 나라를 지키는 국방비로도 쓰고요. 행정 기관을 운영하는 공무원들의 월급을 주는 데에도 사용합니다. 아, 참! 선생님들의 월급도 이 돈에서 나간답니다.

이 밖에도 국민의 생활을 편하고 행복하게 하려면 세금이 꼭 필요합니다. 어때요? 쓸데없이 뺏기는 돈이 아니지요? 여러분도 어른이 되면 버는 만큼 꼭 세금을 내서 그 돈이 다시 우리 모두를 위해 잘 쓰이게 해야겠지요? 그리고 세금을 성실히 잘 냈는지, 떼먹은 돈은 없는지는 나중에 선거에 후보자로 나설 때 중요한 자료로 공개되기도 하니 공동체를 위해 성실 납세 꼭 해야 합니다.

이제 현대에 들어와서 그 의미가 중요해진 의무들을 알아볼까요. 우선 부모들에게는 자녀들이 일정한 나이가 되면 학교 교육을 시켜야 할 의무가 있어요. 이것을 교육의 의무라고 합니다. 우리나라에서는 초등학교와 중학교까지는 의무 교육 기간이므로 당연히 아이를 학교에 보내야 할 의무가 있습니다. 점차 확장되는 추세이므로 곧 고등학교도 의무 교육이 될 것 같아요. 이 말은 수업료가 없어진다는 뜻이니 좋은 일이죠?

다음은 근로의 의무입니다. 이것은 권리이자 동시에 의무입니다. 헌법 32조 1항에 "모든 국민은 근로의 권리를 가진다."고 했고, 이어 2항에는 "모든 국민은 근로의 의무를 진다."고 밝히고 있습니다. 이 권리와 의무가 이루어지기 위해서는 국가가 일자리를 늘려야 하고, 여성도 평등하게 일할 수 있도록 근로 조건에 차별을 주지 않아야 하며, 적정한 근로의 대가를 받을 수 있게 보장해야 합니다.

그런데 요즘같이 취업이 어려워서야 일을 하고 싶어도 못하는 형편이죠. 또한 근로의 의무가 법적인 효력을 지니는 의무인지 상징적으로 부여한 의무인지에 대해서도 논란이 있습니다. 법률로써 구체적으로 정해지면 법적인 효력을 지니는 의무가 됩니다. 이를 뒤집어 보면, 국회 의원들이 헌법에 따르는 법률을 만들지 않았기에 논란이 벌어진다는 뜻이 되기도 합니다. 그러니 여러분들의 앞날을 위해서도 또 국민으로서 권리와 의무를 다하기 위해서도 국회는 관련 법률을 만들고 정부는 일자리를 늘리는 정책을 실시하라고 나서서 요구해 보는 건 어떨까요? 최근 젊은 층의 일자리를 보장하기 위해 제정된 '청년 고용 촉진 특별법'은 바로 그러한 국민들의 요구를 국회 의원들이 담아 낸 의미 있는 법률이라고 하겠습니다. 앞으로도 이런 법률들이 많아져야겠지요?

계속해서 국민의 의무를 알아볼까요. 현대 사회의 큰 문제 가운데 하나가 환경 오염이지요. 국민에게는 환경 오염을 막고 깨끗한 생활 환경을 만드는 일에 동참해야 할 의무가 있습니다. 이것을 환경 보전의 의무라고 합니다.

끝으로, 아무리 내 재산이라도 공공의 이익을 위해 사용해야 한다는 재산권 행사의 공공복리 적합 의무라는 것이 있습니다. 예를 들어 내 땅이라 해도 공공의 이익을 위한 도로나 주택 단지를 건설할 때는 양보해야 한다는 규정 등이 그런 것에 해당합니다. 물론 나라에서 금전적인 보상을 하는 거지, 무조건 뺏는 게 아닙니다.

민주주의 국가에서는 개인의 자유도 존중되어야 하지만 공동체를 위한 배려와 희생도 중요한 덕목입니다. 국가의 높은 지위에 오르려는 사람들을 보면 자기 자신이나 자식이 군대에 다녀오지 않았거나 부동산 투기를 했다거나 또는 세금을 제대로 내지 않은 경우가 종종 있습니다. 이런 일들이 자꾸 벌어지면 성실하게 군대에 다녀오고 꼬박꼬박 세금을 낸 평범한 시민들은 허탈한 심정이 되겠죠. 지위의 높고 낮음을 가리지 않고 누구나 해야 할 의무는 다하고 권리는 충분히 누리는, 평등하고 성실한 삶이 존중받는 사회가 되도록 여러분도 노력해 주기를 부탁드립니다.

이 정도는 해 줘야 국가의 주인이구나.

국방의 의무
납세의 의무
교육의 의무
근로의 의무
환경 보전의 의무

4

국민의
권리 실현을 위한
국가 기관

국회는 어떤 곳일까?
» 입법부의 역할

앞에서 정치의 의미와 역할, 그리고 국민의 권리와 의무 등을 배웠는데, 이 일들의 대부분이 이루어지고 국민에게 가장 큰 영향을 주는 곳이 각종 국가 기관입니다. 입법부·행정부·사법부로 대표되는 이 기관들은 구체적으로 무슨 일을 할까요? 그리고 우리의 권리를 보장받기 위해 이 기관들을 어떻게 활용할 수 있을까요? 이제부터는 이것을 자세히 알아보겠습니다.

먼저 입법부가 어떤 곳인지 알아볼까요. 대의제 국가에서 국민의 뜻을 누가 어떻게 대신할 것이냐 하는 문제는 매우 중요합니다. 원래는 입법·행정·사법의 모든 국가 기능이 국민의 의사에 따라 수행되어야 합니다. 그러나 실제로는 주로 입법부, 즉 의회가 국민의 뜻을 대표하고 나머지 국가 기관은 이 의회의 역할을 존중하는 것으로 대신하고 있습니다.

국민이 직접 선출한 사람들로 구성된 국민의 대표 기관을 의회라고 합니다. 우리나라에서는 국회라고 하지요. 이 국회가 하는 가장 중요한 일은 바로 법률을 만드는 것입니다. 법률을 만드는 권한을 법률 제정권이라고 합니다. 국민의 대표 기관인 국회가 법률을 만들면, 나머지 국가 기관은 이 테두리 안에서 행정과 사법 작용을 합니다. 그래서 국민의 대표 기관이 의회가 되는 것이지요.

국회는 헌법에 나와 있는 나머지 국가 기관의 구성에 대한 동의권도 갖고 있습니다. 우선 국무총리, 대법원장, 헌법 재판소장 등에 대한 임명 동의권을 가집니다. 국회가 동의하지 않으면 이런 분들은 자리에 오를 수 없습니다. 실제로 2013년 박근혜 정부가 출범한 뒤 헌법 재판소장과 국무총리를 비롯해 장관과 차관급 인사 7명이 국회 인사 청문회 과정에서 여러 흠이 드러나 임명되지 못하고 물러났습니다. 국회의 임명 동의권은 행정부를 견제하는 중요한 수단이라는 것을 알 수 있죠.

그리고 국회는 대통령·대법원장과 함께 헌법 재판소 재판관과 중앙 선거 관리 위원회 위원을 선임합니다. 헌법 재판소 재판관과 중앙 선거 관리 위원회 위원은 각각 9명으로 구성되는데, 이 가운데 3명은 대통령이 지명하고, 3명은 대법원장이 지명하며, 나머지 3명은 국회에서 지명하여 최종적으로 대통령이 임명합니다. 이것은 헌법 기관의 구성권은 대통령에게 부여하되 실질적인 권한은 3권 분립에 기초하게 하는 것입니다.

이 밖에도 국회는 국가 기관 전체의 활동을 감시하고 통제할 수

대한민국 국회 의사당의 모습 국회는 우리나라 국민을 대표하는 곳으로, 법을 만드는 일을 한다. 그와 함께 정부의 잘못이 있다면 꾸짖어 바로잡게 하고, 국가의 예산을 어떻게 사용할지 결정한다.

있는 권한을 가집니다. 이를 국정 감사권이라고 합니다. 국정 감사 기간에는 국가가 작용하는 전 영역에 걸쳐 국회 의원들이 자료를 요구하고 조사할 수 있으며, 증인이나 참고인으로 국회에 출석할 것을 요구할 수도 있습니다. 예를 들면, 국정 감사 중에 학교 폭력 피해자를 출석시켜 교육부 장관으로 하여금 학교 폭력의 실상을 깨닫게 하고 대책 마련을 철저히 하라며 교육부 장관을 꾸짖기도 합니다. 이렇게 함으로써 행정부가 제 역할을 하도록 바로잡습니다. 그리고 고급 공무원의 부정이나 비리를 조사·적발하고, 한편으로는 올바른 법률 준비 과정으로서 정치적·경제적·사회적 상태를 조사합니다.

또 국회는 나라의 한 해 살림살이인 예산을 꼼꼼하게 조사해 확정합니다. 쉽게 말해, 세금을 얼마나 걷고 어디에 쓸 것인지도 국회에서 결정한다는 것이죠. 국민의 돈이니 그들의 대표 기관인 국회에서 결정하는 것입니다. 이것을 예산 심의권이라고 합니다. 실제로 정부에서 2013년 예산안을 국회에 냈을 때 국회에서는 조정을 거쳐 대학생 장학금이나 어린이 보육 예산에 1조 원 정도를 늘리고, 반면 지급이 급하지 않은 예산은 줄이는 등의 조치를 취했습니다. 참고로, 2020년 우리나라 예산은 총 512조 원 정도입니다. 아주 어마어마한 돈이지요?

국회 의원에게는 특권이 있다고?
» 국회 의원의 특권

국회에서는 이와 같이 중요한 일들을 하기 때문에 국회 의원들에게 몇 가지 특별한 권한을 주고 있습니다.

첫째는 불체포 특권입니다. 국회 의원은 국민의 대표이므로 범행 현장에서 잡히는 경우가 아닌 한 국회가 열리는 동안은 국회의 동의 없이 체포되지 않습니다. 이것은 국회가 국가의 행정 작용을 감시하는 역할을 해야 하기 때문에 행정 권력의 부당한 탄압을 막고자 시행하는 제도입니다. 그러나 이 제도는 범죄 혐의가 뚜렷한 경우에도 체포를 막는 데 활용되고 있어 국민의 눈살을 찌푸리게 합니다.

둘째는 면책 특권입니다. 면책이라는 것은 책임을 묻지 않는다는 뜻입니다. 국회 의원이 국회에서 직무를 수행하며 한 말과 표결에 대해서는 책임을 묻지 않는 것입니다. 국회는 국가 권력을 견제하고 감시해야 하므로, 반드시 명백한 사실이 아닐지라도 의혹을 제시하여 수사 기관으로 하여금 조사에 임하게 할 권한과 의무도 있습니다. 따라서 국회 의원이 정확한 사실이 아닌 것을 말했다고 책임을 엄하게 묻는다면 국회의 활동이 움츠러들게 됩니다. 이것은 국회의 기능이 축소되는 것이기 때문에, 특권을 주어서라도 본래 기능을 활발히 수행하게 하자는 것입니다.

국회 의원은 국민의 대표로서 이와 같이 특별한 권한을 부여받습니다. 국회 의원들이 이런 권한을 적절하고 바르게 사용한다면 국민에게 신뢰받고 존경받게 될 것입니다. 그러나 만약 이러한 권한을 개인이나 자기가 속한 정파의 이익만을 위해 사용한다면 그들을 바라보는 국민의 싸늘한 눈초리를 피할 수 없을 것입니다.

헌법과 법률은 어떻게 만들고 고칠까?
» 입법 과정

헌법은 이미 1948년에 만들어졌기 때문에 앞으로는 바꾸는 일만할 수 있죠. 그럼 여기서는 개정 절차를 살펴보겠습니다.

헌법을 개정할 때는 우선 국회 의원의 과반수 또는 대통령이 개정할 안건을 제안합니다. 여기서 과반수란 절반에서 단 한 명이라도 많아야 한다는 것을 뜻합니다. 법률 개정을 국회 의원 10명 이상이면 제안할 수 있는 것에 견주면 헌법 개정의 조건이 훨씬 까다롭지요.

이렇게 제안된 헌법 개정안은 국회 의원 3분의 2 이상의 찬성을 얻어야 국민 투표에 부쳐집니다. 그리고 국민 투표에서 선거권자 과반수의 투표가 이루어지고 투표자 과반수의 찬성을 얻을 때에만 확정됩니다. 이 과정 가운데 한 군데에서라도 통과되지 못하면 폐기되는 것이니, 헌법 개정은 정말 어려운 일이지요. 그만큼 신중하게 되도록 많은 국민의 의사를 들어 보라는 뜻입니다.

이제 법률을 만들고 바꾸는 과정을 알아볼까요? 법률을 만들거나 바꾸는 과정은 기본적으로 아래 도표와 같습니다.

법률을 제안하는 것은 정부 또는 국회 의원이 10명 이상 모였을 때 할 수 있습니다(ㄱ). 국회 의원 10명 이상이 모이게 한 것은, 개인이 내게 하면 이해관계에 휘둘려 어떤 특정 집단의 이익만 대변하는 법률안을 낼 수 있으므로 적어도 10명 이상의 합리적인 의견을 모으라는 뜻입니다. 정부에도 법률안을 제안하는 권리를 주는 이유는, 실제 법률을 집행하는 기관이 정부이므로 어디에 어떤 법이 필요한지 정부가 잘 알기 때문입니다.

법안을 제안하는 의원들 19세기 중반 휘그당의 의원들이 영국 의회에서 법률안(법안)을 제안하는 모습이다. 현재 우리나라 국회에서는 국회 의원 10명 이상이 모여 법률안을 제안할 수 있다.

제안된 법률안은 국회 의장에게 보내고(ㄴ), 국회 의장은 이것을 상임 위원회로 보냅니다(ㄷ). 상임 위원회란 수많은 안건을 국회 의원들이 다 전문 지식을 갖고 처리할 수는 없으므로 국회 의원들을 분야에 따라 나누어 놓은 위원회를 말합니다. 만약 토의할 안건이 교육 관련 내용이라면 '교육 위원회'로 보내고, 국방 관련 내용이라면 '국방 위원회'로 보내서 전문적인 심사를 받습니다.

그렇게 해서 상임 위원회를 통과하면 본회의로 보냅니다(ㄹ). 본회의에는 국회 의원 전원이 참석합니다. 여기에서 국회 의원 과반수의 출석과 출석 의원 과반수의 찬성을 얻어야 통과됩니다. 국회에서 통과된 법은 대통령에게 보내고(ㅁ), 대통령은 이것을 널리 알

립니다(ㅂ).

　참고로, 우리나라에는 국회를 통과한 법률안을 대통령이 거부할 수 있는 권한이 있습니다. 이를 법률안 거부권이라고 합니다. 이것은 입법부에 대한 행정부의 견제 장치입니다. 국민의 표를 의식한 국회에서 여러 이익 집단 중에서 지나치게 한쪽에 치우친 법률안을 의결하면, 대통령이 이를 국회에서 다시 심의해 달라고 요청하는 것입니다. 대통령이 거부한 법률안이 국회에서 재적 의원 과반수의 출석과 출석 의원 3분의 2 이상의 찬성을 다시 얻으면 대통령은 지체 없이 이를 공포해야 합니다. 매우 드물기는 하지만, 우리나라에서도 대통령이 거부권을 행사한 적이 몇 번 있습니다.

　다소 복잡하고 까다로운 절차이지요? 하지만 이것은 모두 국민의 의사를 정확하게 반영하려는 신중한 노력의 결과이므로, 간단하게나마 과정을 이해해 두면 좋겠습니다.

국회에는 무슨 문제가?
» 오늘날 의회의 문제

여러분은 국회 의원 하면 어떤 모습이 떠오르나요? 선거 때만 얼굴 보이는 사람, 국회에서 싸움질만 하는 사람, 부정부패를 일삼는 직업 정치인? 이 모든 모습이 우리 국회가 안고 있는 문제점이겠죠. 그렇지만 원래 국회 의원은 그런 사람이 아닙니다.

앞에서 국회의 역할을 살펴보았듯, 국회 의원은 정말로 중요한 사람입니다. 나라의 살림살이를 자세히 조사하여 결정하고, 국민의 삶에 영향을 주는 법률을 만들며, 국민이 국가로부터 부당한 대우나 억울한 일을 당하지 않는지 감시하는 일이 모두 국회 의원이 하는 일입니다. 이런 중요한 임무를 수행하는 국회 의원들이 어쩌다가 국민의 비난과 조롱의 대상이 되었을까요? 여기에는 몇 가지 원인이 있습니다. 한번 알아볼까요.

먼저 국회의 기능보다 행정부의 기능이 더 커지는 행정 국가화 현상을 들 수 있습니다. 우리나라에서도 국회 의원보다는 행정부의 총책임을 맡고 있는 대통령의 얼굴이 신문이나 방송 뉴스에서 더 많은 비중을 차지하지요? 그것은 그만큼 우리 사회에서 행정부의 역할이 더 커지고 있다는 것을 뜻합니다. 여러분 주변에서 흔히 볼 수 있는 경찰서, 주민 자치 센터, 보건소, 학교 등이 모두 행정부에 속한 기관들입니다. 그 밖에 일상생활에서 접할 수 있는 다른 기관이나 장소들도 행정 관청의 관리와 감독을 받는 경우가 많습니다. 학교에서 무슨 문제가 생겨도 결국은 교육청을 통해 해결해야 할 때가 많고, 범죄의 피해자가 되어도 경찰서를 찾아야 하며, 사회 복지 문제를 상의하려 해도 주민 자치 센터를 찾아야 해결됩니다.

이와 같이 현대 사회의 다양하고 복잡한 문제가 대부분 행정 작용과 관련이 있기 때문에 행정부의 역할은 점점 커지고 있습니다. 그리고 실제 국민 생활과 밀접한 곳이 행정 기관이다 보니 어떤 법률이 필요한지 행정부가 더 잘 알고, 국회에 법률을 제출하는 건수도 점점 더 많아지죠. 그러다 보니 본디 법을 만드는 역할을 하는 국회는 행정부에 밀려 그 역할이 점점 축소됩니다.

또 사법 작용에 의해 정치의 영역이 줄어들고 있다는 점을 들 수 있습니다. 권력층의 비리를 감시하는 기능이 국회에 있는데도, 특별 검사라는 이름으로 사법의 영역에서 그 해결점을 찾으려 합니다. 이렇게 사회적 갈등을 해결하는 기능을 사법 영역에 자리를 내

특별 검사 고위 공직자의 비리나 위법 혐의가 발견됐을 때 수사하는 임시 수사 기구나 그 수사를 담당하는 검사. 사건이 발생하면 국회의 요청으로 구성되어 독자적인 권한을 가지고 수사한다. 그 이유는 수사와 기소를 정권의 영향을 받을 수 있는 정규 검사가 아닌 독립된 검사가 담당하게 하기 위해서이다. 우리나라에서는 대통령 측근들의 비리 수사, 삼성 비자금 사건 수사 등에 도입되어 진행되었다.

주는 형편입니다. 이것을 정치의 사법화라고 합니다. 이에 따라 정치의 중심인 국회가 설 자리를 점점 잃어 가는 것이죠.

　이러한 문제점들이 우리나라 국회에만 있는 것은 아닙니다. 다른 나라들도 비슷한 현상을 겪곤 합니다. 이것은 국회 의원을 조롱하거나 그 역할을 축소해서 해결되는 문제가 아닙니다. 지난 대통령 선거에서 일부 후보들이 국회 의원의 수를 줄이는 것을 공약으로 내세워 국민의 지지를 얻기도 했는데, 과연 국회 의원의 수를 줄이는 것이 옳은 일일까요? 행정부의 역할과 권한이 커졌다면, 그것을 감시하고 견제하는 국회 의원의 수도 많아져야 하는 것 아닐까요? 또 사법 영역에 기대는 것이 문제라면, 그것을 방지할 수 있는 방안을 찾는 것이 합리적이지 않을까요?

행정부는 무엇을 하는 곳이지?

>> 행정부의 구성과 역할

옛날에는 국가의 모든 권력이 왕에게 집중되어 있었습니다. 오죽하면 프랑스의 루이 14세는 "짐이 곧 국가"라는 말까지 했겠습니까? 그러다가 근대에 들어와 시민의 힘이 커지면서 왕에게서 점차 권한을 빼앗아 옵니다. 권력 분립 사상이 실현된 것이죠. 우선 의회는 왕에게서 법을 만드는 권한을 가져옵니다. 그리고 법을 해석하고 적용하여 벌을 주는 기능은 사법부로 넘어오게 됩니다. 남은 것은 법을 집행하는 행정 작용뿐이었죠. 그래서 처음에 행정은 수동적이고 소극적인 의미로 이해되었습니다.

그러나 현대로 들어오면서 행정은 영역을 넓힙니다. 국민의 행복한 생활을 보장하려면 역할이 커져야 하기 때문이지요. 물론 그 토대가 되는 법을 만드는 것은 여전히 입법부인 의회가 합니다. 그렇지만 국회 의원들이 돌아다니면서 범죄 예방 활동을 할 수 있는 것도 아니고, 집집마다 돌아다니며 가정 형편이 어려운지 조사할 수도 없는 것 아니겠습니까? 때문에 현대 사회에 접어들면서 행정은 복지를 확대하기 위해 능동적이고 적극적으로 그 역할이 늘어납니다.

이 행정부를 보통 정부라고 합니다. 정부는 대통령을 중심으로 국무총리, 행정 각부 장관 등으로 구성되는 국무 회의에서 국가의 중요한 정책을 심의하고 집행합니다.

대통령에 관해서는 뒤에서 자세히 다루기로 하고, 여기에서는 먼저 국무총리에 대해 알아보겠습니다. 국무총리는 국회의 동의를 얻어 대통령이 임명하며, 평상시에는 대통령을 보좌하고 대통령이 직무를 수행하기 어려운 상황이 되면 그 권한을 대신합니다.

또 국무총리는 국무 위원 임명 제청권과 이들에 대한 해임 건의권도 가집니다. 그렇지만 실제로 이 권한이 적극적으로 활용되는지 언제나 논란거리입니다. 비록 헌법에 보장된 권한이지만, 자신을 임명한 대통령에게 강한 주장을 펴는 일이 쉽지 않겠지요. 그러나 우리나라처럼 대통령의 권한이 막강한 나라에서 그 권력을 견제하기 위한 장치인 만큼 충분히 활용해야 합니다. 원래 대통령 중심제가 생겨난 미국에서는 정작 총리가 없습니다. 그런데 우리나라에 국무총리가 있는 이유는 대통령의 막강한 권한을 분산시키기 위함

입니다. 이것은 대통령 중심제에 내각 책임제의 요소를 도입한 것이지요.

　그리고 대통령의 권한 행사를 신중하게 하기 위한 장치도 마련되어 있는데 바로 국무 회의입니다. 헌법에도 대통령은 국가의 중요한 정책을 결정할 때 국무 회의의 심의를 거치게 하고 있습니다. 이것은 대통령의 행위가 나라 전체에 끼치는 영향이 크고 그 권한이 막강한 만큼 더욱 신중할 필요가 있기 때문입니다. 그러나 대통령에게 민주적인 사고와 헌법에 명시된 규정을 지키고자 하는 노력이 부족하다면, 그런 대통령에게 반대 의견을 말할 국무 위원을 찾기란 어려운 일일 것입니다. 하지만 그 옛날 왕에게 잘못된 일을 고치라고 말하던 용기 있는 선비가 현대에도 몇 명쯤은 남아 있지 않을까 하는 바람을 품어 봅니다.

　우리나라에서는 대통령 직속으로 감사원을 두어 행정 사무 전반을 감시하고 통제하게 합니다. 굳이 따지자면 옛날 암행어사 정도와 비교할 수 있습니다. 이 감사원의 원장은 국회의 동의를 받게 되어 있습니다. 일의 특성상 대통령에게서 어느 정도 독립될 필요가 있기 때문이지요. 감사원은 정부의 세입·세출, 즉 1년간의 씀씀이를 결산하여 대통령과 국회에 보고해야 합니다. 국회의 국정 감사

심의 　어떤 안건이나 일을 자세히 조사하고 논의하는 것을 뜻한다. 심의가 어떤 사항을 자세히 들여다보고 옳고 그름을 판단하는 것이라면, 의결은 어느 사항에 대해 결론을 내려 결정까지 하는 것이다.

가 일 년에 한 번만 이루어지는 것과 견주면 언제나 가동할 수 있는 행정부 자체의 중요한 감시 장치입니다.

대통령은 무슨 일을 할까?
》 대통령의 권한과 역할

선생님이 어렸을 때는 친구들에게 장래 희망을 물어보면 대통령이라고 대답하는 아이가 많았습니다. 요즘은 연예인이라는 대답이 다수인 것 같은데, 아직도 대통령이라고 대답하는 아이들이 꽤 있다더군요. 그만큼 우리나라에서 대통령은 선망의 대상이 되는 직업이겠죠. 또한 그것은 대통령의 권한과 책임이 그만큼 크다는 뜻이기도 할 겁니다. 우리나라에서 대통령은 크게 국가 원수 역할과 행정부 최고 책임자 역할 두 가지를 함께 합니다.

먼저 국가 원수로서 대통령은 우리나라를 대표하는 최고 외교관으로 외교권을 행사하며, 조약 체결권과 조약 비준권을 지닙니다. 즉 국가 대표로서 다른 나라와 조약을 맺고 비준˙하는 권한이 있습니다. 텔레비전에서 대통령이 다른 나라를 방문하거나 외국의 국가 원수를 우리나라로 초청해 회담을 하고 서명하는 장면을 본 적이 있을 겁니다. 이런 일들이 여기에 속합니다.

필요할 때는 법률의 효력을 갖는 긴급 명령˙을 내릴 수 있습니다. 이 권한을 긴급 명령권이라고 부릅니다. 1993년에 당시 김영삼 대통령이 모든 금융 거래를 당사자의 실제 이름으로만 하게 하는 '긴급 재정·경제 명령'을 발포했습니다. 그전까지는 은행 예금을 다른 사람 이름이나 가짜 이름으로도 할 수 있어서 부정한 돈을 쉽게 빼돌릴 수 있었거든요. 그런데 이런 조치를 미리 알리면 돈을 먼저 빼갈 수 있으니 긴급하게 할 수밖에 없는 것이지요.

대통령에게는 전쟁이나 비상사태 때 군대를 출동시켜 경비를 맡기는 계엄[*] 선포권도 있습니다. 그런데 우리 역사에서는 이 계엄 선포권을 독재 정권이 시민을 탄압하고 권력을 유지하기 위한 수단으로 악용해 왔습니다. 1960년 4·19 혁명 때 이승만 독재 정권은 시민을 탄압하기 위해 계엄령을 내렸습니다. 1972년 박정희 군사 정권은 자신의 정권을 연장하기 위해 계엄을 선포했고, 1980년 5·18 광주 민주화 운동 때는 전두환 군사 정권이 민주화 운동을 진압하기 위해 계엄을 악용했습니다. 이제는 사회가 민주화하면서 더는 이 권한이 남용되지 않게 되었으니, 다행스러운 일이라 할 수 있겠죠.

비준 조약안을 최종적으로 확인하는 행위. 우리나라에서는 대통령이 지명한 대표자가 조약을 맺으면 대통령이 이를 확인하며, 국회는 조약안에 동의할 권한이 있다.

긴급 명령 국가 원수가 긴급한 조치를 취하기 위해 내리는 것이며, 법률과 같은 효력이 있다. 긴급 명령은 법은 국회가 만든다는 원칙에 대한 예외를 인정하는 것이므로, 국가를 지키기 위해 긴급한 조치가 필요하거나 국회 의원이 모이기 불가능한 때 등에 한하여 예외적으로만 인정된다.

계엄 정부가 제대로 기능할 수 없다고 생각되는 비상사태 때 특정 지역에서 일시적으로 군대가 개입하여 경비와 방어 임무를 수행하는 것이다.

또한 대통령에게는 대법원장, 헌법 재판소장 등을 임명함으로써 헌법 기관을 구성하는 권한도 있습니다. 행정부 수반이기도 하지만 국가 원수이기도 하기에 갖는 권한이죠.

그리고 대통령의 중요한 권한 가운데 하나로 사면권이 있습니다. 사법부, 즉 법원의 판결로 이미 형이 확정된 사람에 대한 처벌을 없애 주는 것이죠. 이는 삼권 분립의 원칙을 해치는 일이기는 하지만, 억울한 사람이나 사소한 잘못으로 정상적인 생계에 위협을 받는 사람들을 구제해 주는 정치적 행위를 허락해 주는 것입니다. 그런데 이 권한을 대통령 자신과 가까운 사람들의 형벌을 면제해 주는 도구로 악용하는 사례가 있어서 축소해야 한다는 의견이 많습니다.

이 밖에도 국가 원수로서의 권한이 많지만 여기까지 하고 행정부 수반으로서 대통령의 권한을 알아보도록 하겠습니다.

먼저 대통령은 행정의 총책임자로서 행정 부서를 통솔하고 법을 집행합니다. 국군에 대한 명령권인 국군 통수권을 가지고, 국무회의 의장으로서 중요한 국가 정책을 심의한 뒤 결정하며, 국무총리와 각부 장관을 임명하거나 해임합니다. 법률안 제안권과 법률안 거부권도 있습니다. 행정 행위에 필요한 경우 정부에서 만든 법률안을 국회에 제출하기도 하고, 국회에서 만든 법률안이 적절하지 않다고 판단될 때는 거부권을 행사하기도 합니다.

이외에도 대통령의 권한은 막강합니다. 고급 공무원을 임명하고 해임할 수 있는 공무원 임면권도 있습니다. 대통령이 직접 임명장을 주는 직책만도 고위 공무원, 국립 대학교 총장 등 무려 7천여 명에 달합니다. 또 전용 비행기와 헬기, 방탄 차량을 지원받으며, 전

용 의료진, 통신 요원, 음식물 검사 요원 등의 전담 경호 인력도 지원을 받습니다. 연봉은 약 2억 원 이상이며, 대통령의 부모와 자녀까지도 특별 경호를 받지요. 참, 5년 동안 지낼 수 있는 청와대는 무료 제공이랍니다.

최근에는 대통령에게 이와 같은 엄청난 권력이 집중되는 것이 옳은지를 둘러싸고 논란이 있습니다. 심지어 '제왕적 대통령제'라고 비판받을 만큼 대통령 한 사람에게 집중된 권력에 대해 부정적인 의견이 많습니다. 그 대안으로 권력의 적절한 분산을 주장합니다. 그중 하나가 대통령제와 의원 내각제를 절충한 독일의 이원 집정부제입니다. 대통령에게는 외교권을 주고, 국내 문제는 총리에게 맡기는 식입니다. 이 경우 국회는 총리 임명권과 내각 불신임권을 가지며, 대통령은 국회 해산권을 가짐으로써 서로 견제할 수 있게 하지요. 이원 집정부제는 권력 분산형 대통령제, 혼합 정부제, 준대통령제 등으로 다양하게 불리며, 독일 외에 프랑스·핀란드·이집트·레바논·몽골 등의 나라에서 운영하고 있습니다.

이런 논의 외에 대통령 친인척과 주변인의 부정부패 수사를 위한 특별 수사 기구를 구성하고, 대통령 직속인 감사원을 국회 소속으로 바꾸어 투명하고 공정한 행정부가 되도록 만드는 방안도 논의되고 있습니다. 더불어 대통령이 임명하거나 영향력을 행사할 수 있는 자리의 수를 줄임으로써 지나친 권력 행사를 막는 것도 하나의 방법이 될 수 있습니다.

우리 속담에 "지나침은 모자람만 못하다."는 말이 있지요? 대통령의 권한도 마찬가지입니다. 더구나 단 한 번으로 임기가 끝나기 때문에 '국민들 눈치 보지 않고 나의 길을 가련다.'라는 식의 대통령이 나올 수도 있는데, 그런 대통령에게 뭐든 할 수 있는 권력을 쥐여 준다면 이것처럼 위험한 일이 또 있을까요?

법원은 무서운 곳인가, 정의를 실현하는 곳인가?
» 사법부의 역할

법원은 나쁜 사람을 벌주는 무서운 곳일까요, 아니면 정의를 실현하는 믿음직한 곳일까요? 죄를 지은 범죄자에게는 무서운 곳일

테고, 선량한 시민에게는 믿음직한 곳이어야 맞겠죠. 법의 적용을 이야기할 때 정의의 여신을 예로 많이 듭니다. 눈을 가리개로 가린 채 한 손에는 칼을, 다른 손에는 천칭을 들고 있습니다. 여기서 눈가리개는 법의 심판을 받는 이가 누구인지 보지 않음으로써 객관성을 잃지 않겠다는 뜻이며, 칼은 단호하게 처벌할 수 있는 힘을, 저울은 잘잘못을 따지는 균형 감각을 뜻합니다. 단호하면서도 균형을 갖추고 또 공평함도 가져야 법의 심판이 힘을 얻는다는 것이죠.

우리 헌법 101조에서는 "사법권은 법관으로 구성된 법원에 속한다."고 하여 법원을 사법 기관으로 보고 있습니다. 그래서 사법부 하면 법원을 뜻하게 된 거죠. 사법이란 입법부가 만든 법률을 행정부가 집행할 때 그 법률이 올바르게 적용되었는지 여부를 심판하는 것입니다.

사법은 법질서를 침해하거나 법률 문제를 두고 다툼이 생겼을 때 어느 것이 법의 참된 의미에 맞는지를 판단하고 선언하는 수동적인 국가 작용입니다. 왜 수동적인가 하면, 행정 작용이 적극적으로 국민을 찾아가서 불편한 곳을 어루만지는 작용인 데 견주어 사법 작용은 찾아오는 국민에게만 적용되는 것이기 때문입니다. 예를 들면 경찰이나 공무원은 시민들의 불편함을 찾아가서 해결해 주려 노력하는 반면, 법원은 사건을 들고 와야만 해결해 줍니다.

사법은 또 삼권 분립이라는 민주 정치 원리의 한 축으로 입법부와 행정부에 대해서 독립적인 지위를 유지해야 합니다. 그래야 어디에서도 영향을 받지 않고 독립적인 재판을 함으로써 국민의 인권을 보호하는 최후의 보루 역할을 할 수 있으니 말이지요.

사법부가 입법부를 견제하기 위한 조치로는 **위헌 법률 심판 제청권**을 들 수 있습니다. 판사가 재판 과정에서 해당 법률이 헌법 정신을 위반한 것은 아닌지 헌법 재판소에 문의해 볼 수 있는 권한입니다. 헌법 재판소에서 위헌 결정을 내리면 그 법률 조항은 즉시 효력을 잃습니다. 이 과정을 거쳐 사법부가 입법부를 견제하게 됩니다.

실제 사례를 들어 볼까요. 지난 2008년 미국산 쇠고기 수입을 반대하는 촛불 집회에 참여한 시민들을 경찰이 야간 집회를 금지한 '집회와 시위에 관한 법률'(집시법)로 처벌하려 한 적이 있습니다. 그런데 당시 재판을 맡은 판사가 헌법 재판소에 해당 법률이 헌법에 위배되는 것이 아닌지 심판해 달라고 요청했어요. 그러자 헌법 재판소에서는 해당 법률 조항이 국민의 기본권을 지나치게 제한하여 헌법에 위배된다고 결정을 내렸어요. 이에 따라 행정부가 이 법을 핑계 삼아 국민의 권리를 부당하게 제한하는 일을 더는 할 수 없게 되었고, 입법부는 법률을 고칠 수밖에 없었습니다. 국민의 권리를 보장하기 위해 사법부가 다른 정부 기구를 견제한 좋은 사례이지요. (이 내용은 198쪽 헌법 재판소의 위헌 법률 심판과 함께 보면 좋습니다.)

사법부가 행정부를 견제하는 조치로는 **행정 재판권**을 들 수 있습니다. 이는 부당한 행정부의 법 집행으로 피해를 입었다고 생각하는 시민이 그 행정 작용이 법적으로 적절했는지 여부를 법원에 물을 수 있도록 만든 제도입니다. 예를 들면 식당을 개업했는데 위생 상태가 불량하다고 공무원이 영업 정지 처분을 내렸어요. 그런데 이 조치가 부당하다고 생각하면 재판을 청구해서 사법부의 판단을 받아 볼 수 있습니다. 만약 공무원의 판단이 잘못됐다는 판결이 난다면 이것이 바로 사법부가 행정부를 견제하는 결과가 되는 것이죠.

이런 중요한 역할을 하는 사법부가 권력에 휘둘려서는 안 되겠지요. 그래서 필요한 것이 법관의 독립입니다. 이를 위하여 법관의 자격은 법률로 정해 놓고 있으며, 신분을 박탈하거나 징계를 내릴 때는 엄격한 규정을 바탕으로 합니다. 또한 국가 기관이나 이익 단체 등 그 어느 곳에서도 영향을 받지 않고 독립적으로 헌법과 법률, 양심에 따라서만 재판할 수 있게 하고 있습니다. 이렇게 할 때에만 국민들은 안심하고 법원의 문을 두드릴 수 있으며, 사법부도 국민들에게 신뢰받을 수 있기 때문입니다.

그러나 아쉽게도 우리 사법 현실은 그렇지 못한 측면이 있는 것이 사실입니다. 국민들에게 법 적용이 공평한가를 물으면 아직도 대다수 국민들은 법원이 권력과 돈 앞에 약한 모습을 보인다고 대답합니다. 국회 의원들이나 정치인들에게 유난히 약한 처벌을 한다거나, 재벌이나 그 가족들이 세금 수

백억 원을 떼먹어도 솜방망이 처벌을 합니다. 게다가 법관들 스스로도 재판에 사법부 안팎에서 압력이 가해진다는 사실을 인정하는 것을 보면, 공정한 재판을 향한 우리 사법의 앞날은 아직도 어두워 보입니다. 법원이 국민의 인권 보호를 위한 최후의 보루 역할을 다 할 수 있는 그날까지, 아자!

일반 국민이 재판을 한다고?
» 배심원 제도

어느 날 여러분이 법원에서 보낸 이런 우편물을 받는다면 어떨까요? "귀하를 국민 참여 재판 배심원으로 초대합니다." 덜컥 겁이 나지 않을까요? '법에 대해서는 전혀 아는 게 없는데 재판에서 가해자와 피해자의 진술을 듣고 알맞은 판결을 내릴 수 있을까?' 하고 걱정스러워서 말이지요.

하지만 재판이라는 것이 몇 년씩 법대에 다니고 사법 고시라는 그 어려운 시험을 거친 사람들만이 할 수 있는 전문적인 일이기만 할까요? 다른 나라에서는 배심원 제도라는 이름으로 벌써 시행되고 있는 제도입니다. 여러분도 영화에서 가끔 봤을 겁니다. 재판정에서 판사 옆으로 죽 앉아 있는 사람들을. 이 평범한 시민들이 바로 추첨으로 뽑힌 배심원입니다. 이 사람들을 향해서 변호사와 검사가 열변을 토하고, 마지막으로 범죄 혐의가 있는 피의자도 자신의 처지를 호소하지요. 그렇게 다 듣고 나서 배심원들끼리 토론을 벌여 피의자의 유무죄를 결정합니다.

이 제도는 고대 그리스의 추첨 민주주의와도 관계가 있습니다. 고대 그리스에서는 국가의 일을 맡을 사람을 추첨으로 뽑았다고 했지요. 재판관과 배심원도 추첨으로 뽑힌 시민들이 돌아가며 했습니다. 오늘날에는 배심원만 뽑지만 나라의 중요한 일을 추첨으로 뽑아 맡긴다는 점에서는 공통점이 있습니다. 대의 민주주의 체제에서는 권력을 선출하는 정당한 방식이 선거라고 보지만, 사법부에는 추첨 민주주의의 요소가 남아 있는 셈이지요.

우리나라는 배심원 제도를 2008년에 도입했습니다. 그 명칭은 '국민 참여 재판'이라고 합니다.

이 제도를 도입한 이유가 무엇일까요? 그것은 무엇보다 법의 심판이라는 것도 결국은 상식적이어야 한다는 것이지요. 그리고 일반인들이 어려운 법률 용어를 모르고 복잡한 재판 절차를 이해하지

시민의 판단을 존중하는 배심원 제도 배심원들이 피의자가 유죄인지 무죄인지 자신의 입장을 밝히는 모습이다. 배심원을 다룬 영화 〈12명의 성난 사람들〉의 장면이다.

못해서 자신을 보호하는 데 소홀해지는 문제점을 막기 위해 도입한 것이기도 하지요.

또 국민의 권리를 최종적으로 보호해야 하는 곳이 법원인데, 법원이 국민의 통제를 벗어나 전문가 집단들만 활동하는 권위주의적인 곳이 되어서도 곤란하죠. 흔히 사법부를 '선출되지 않은 권력'이라고 비판합니다. 실제로 입법부(국회 의원)와 행정부(대통령)는 국민이 직접 선거로 선출하는 반면, 사법부만은 국민이 선출하지 않는 구조적인 문제도 있거든요. 그래서 국민의 눈높이에 사법부를 맞추고 국민의 참여 아래에 두고자 하는 것이 바로 국민 참여 재판 제도입니다.

물론 이 제도가 도입된 지 얼마 안 되다 보니 문제가 나타나기도 합니다. 일반 재판보다 무죄를 선고하는 비율이 두 배쯤 높은 것으로 나타나고, 피고인의 감정적인 호소에 배심원의 판단이 흔들리는 게 아니냐는 지적이 있죠. 그리고 비용에 견주어 효율이 적다고 지적하는 경우도 있고요.

하지만 국민 참여 재판은 민주주의 사회에서 주권을 가진 국민이 자신들의 권리를 보장하는 중요한 과정에 직접 참여한다는 점에서 의의가 매우 큰 제도라고 할 수 있습니다. 일반 국민이 참여해서 더 공정하고 투명한 재판이 진행될 수 있다면 재판을 받는 사람에게나 참여한 배심원에게나 모두 좋은 일이 아닐까요? 여러분도 나중에 배심원으로 뽑힌다면 꼭 참여해 보세요!

왜 재판을 세 번이나 할까?

≫ 법원 조직과 심급 제도

여러분은 외국에서 몇 년 또는 몇십 년씩 감옥살이를 하다가 진짜 범인이 잡혀서 풀려나게 되었다는 해외 토픽을 접한 적이 있나요? 그런데 이건 외국에서만 일어나는 일은 아닙니다.

우리나라에서도 지난 1975년 독재에 반대하는 민주화 운동을 하던 인사를 북한과 연결되었다는 누명을 씌워 8명이나 사형시킨 적이 있습니다. 이것이 유명한 '인민 혁명당 사건' 또는 '인민 혁명당 재건위 사건'이라는 것입니다. 그런데 2002년 의문사 진상 규명 위원회에서 이 사건이 당시 박정희 군사 정권이 조작한 것이며, 정부가 사법부를 휘둘러 내린 판결이라는 결론이 나왔습니다. 이에 유족들은 재심을 청구했고, 지난 2007년 다시 재판이 시작되었습니다. 결국 이 8명 모두에게 무죄가 선고되었습니다. 그러나 이미 사형을 집행한 뒤의 무죄 판결이 무슨 소용이 있겠습니까?

그 뒤로 이 사건은 사형을 반대하는 중요한 논리로, 또 사법부가 왜 정치권력으로부터 독립되어야만 하는지를 보여 주는 대표적인 사례로 거론됩니다. 재판은 아무리 완벽해 보여도 그것이 사람이 하는 일인 이상 실수가 있을 수도 있고, 또 정치적 판단이 개입되어 잘못된 판결이 나올 수도 있습니다.

잘못된 판결의 가능성을 최대한 줄임으로써 범죄 혐의자라도 인권을 보호해야 한다는 취지로 도입된 것이 심급 제도입니다. 우리나라에서도 재판을 세 번까지는 해서 잘못을 최대한 줄이려 하고 있습니다.

세 번의 재판 중에서 첫 번째 재판을 담당하는 곳이 지방 법원입니다. 각 지방에 흩어져 있고, 다시 여러 곳에 '분원'이라는 이름으로 나뉘어 국민들이 손쉽게 재판받을 권리를 보장하고 있습니다.

이 지방 법원의 판결에 이의가 있다면 다음으로 고등 법원을 찾을 수 있습니다. 이렇게 1심 판결에 따를 수 없어서 2심으로 가는 것을 항소라고 합니다. 그래서 2심 재판을 항소심이라고도 합니다. 항소심을 담당하는 고등 법원은 전국에 다섯 군데, 즉 서울·대전·대구·광주·부산에 있습니다. 2심은 꼭 고등 법원에서만 할 수 있는 것은 아니고, 지방 법원 본원에서 담당하기도 합니다.

3심은 꼭 대법원에서 하게 되어 있으며, 대법원은 서울에만 있습니다. 2심 판결에 따를 수 없어서 3심으로 가는 것을 상고라고 하며, 그래서 3심 재판을 상고심이라고 합니다. 여기에서 나오는 판결이 마지막이 되며, 대법원 판결을 확정 판결이라고 합니다. 이 확정 판결이 나야 범죄자의 혐의가 확정되며, 혐의가 확정되기 전까지는 죄인으로 취급해서는 안 된다는 원칙이 무죄 추정의 원칙입니다. 그래서 범죄 혐의가 있다고 추정되는 자라 해도 얼굴을 가려주고 인권을 보장해 주는 것입니다.

이것은 개인 간의 문제를 다루는 민사 재판에도 똑같이 적용됩니다. 또 이혼이나 가정 문제를 다루는 가정 법원과 특허 관련 분쟁을 다루는 특허 법원 등이 따로 설치되어 있지만, 역시 최종 판단은 대법원이 맡습니다.

이 밖에도 재판의 종류에는 여러 가지가 있습니다. 먼저 개인 간

의 법률 문제를 다루는 민사 재판, 범죄의 유무를 가리고 처벌하기 위한 형사 재판, 행정 기관의 행정 행위가 적절했는지 여부를 따지는 행정 재판, 선거의 효력이나 당선 유·무효에 관한 일을 다루는 선거 재판, 군인이나 군무원의 범죄를 다루는 군사 재판 등이 있습니다.

경우에 따라서는 재판을 세 번까지 하지 않기도 합니다. 대통령, 국회 의원, 시·도지사의 선거 소송 등은 신속한 재판을 위해 대법원에서 한 번으로 끝냅니다. 만약 부정한 방법으로 당선된 사람이 재판이 길어져서 오랫동안 공직을 유지한다면 그건 잘못된 일이잖아요. 그래서 재판이 길어져 판결이 나도 그 결과가 무의미해지는 일을 막기 위해 신속한 재판이 필요합니다. 비상 계엄 아래의 군사 재판도 한 번으로 끝냅니다. 그리고 특허 소송은 특허 법원과 대법원의 2심으로 끝냅니다.

옛날에는 재판을 송사라고 했는데, "3년 송사에 집안 망한다."는 말이 있습니다. 그만큼 재판은 한 번 시작하면 길기도 하고 비용도 많이 들며 무엇보다 마음고생이 심하다는 뜻이지요. 아무쪼록 여러분도 살아가는 동안 되도록이면 법원에 가는 일이 없기를 바랍니다. 그렇지만 혹시라도 가야 할 일이 생기면 요즘은 대한 법률 구조 공단(http://www.klac.or.kr)처럼 무료로 법률 상담을 해 주는 곳도 있으니 잘 이용하기 바랍니다.

헌법 재판이 뭘까?
>> 헌법 재판소의 권한과 역할

일상생활을 하다가 뭔가 내 권리가 침해받은 것 같다고 여겨지면, 구제를 받기 위해서 각종 법적 조치를 생각해 볼 수 있습니다. 돈을 꿔 주었다가 돌려받지 못해서 내 재산권이 침해당했다면, 민사 소송을 통해서 구제받을 수 있습니다. 폭행을 당했다면, 경찰에 신고하여 형사 재판을 통해 구제를 받을 수 있습니다. 그중에서도 침해받은 권리가 헌법에 보장된 기본권이라면 헌법 재판소라는 곳에 헌법 소원을 낼 수 있습니다.

예를 들어, 지난 1999년 여성 단체들이 다음과 같은 헌법 소원을 낸 적이 있습니다. 군대를 다녀온 남성에게 공무원 시험 등에 가산점을 주어 여성이나 장애인에게 불이익을 주는 것은 헌법에 보장된 평등권을 침해한다는 내용이었죠. 당시 헌법 재판소는 가산점 제도는 평등권을 침해하니 폐지하라며 여성 단체의 손을 들어 주었습니다. 이와 같이 국민 누구라도 자신의 기본권이 침해당했다고 생각하면 헌법 재판소에 구제를 바라는 헌법 소원을 청구할 수 있습니다. 이렇게 국민의 헌법상 기본권을 다루는 곳이라고 해서 이름도 헌법 재판소인 것입니다.

이 밖에도 헌법 재판소에서는 몇 종류의 재판이 더 이루어지는데, 그중 위헌 법률 심판이라는 것이 있습니다. 법률을 어긴 문제로

재판을 받을 때, 그 법률 자체가 헌법 정신을 어기고 있지는 않은지 여부를 헌법 재판소에 묻는 것이지요. 재판을 담당한 판사가 스스로 헌법 재판소에 신청할 수도 있고, 재판을 받는 당사자가 판사에게 요청하여 헌법 재판소에 문의할 수도 있습니다.

위헌 법률 심판의 사례는 여러 가지가 있지만 그 중 한 가지를 들어 볼게요. 몇 년 전까지 호적˙이라는 것이 있었습니다. 어느 이혼 여성이 아들을 자기 호적에 올리려 했는데, "자녀는 아버지의 호적에 올려야 한다."는 민법 조항 때문에 구청에서 거절당했습니다. 그러자 그 여성은 이러한 행정 처분을 취소해 달라는 소송을 냈습니다. 이때 재판을 담당하던 재판부가 이 민법 조항이 헌법의 원칙을 침해하는 것이 아닌지 헌법 재판소에 결정을 구했습니다. 즉 헌법에 정한 남녀평등의 원칙과 혼인 생활에서의 양성 평등의 원칙을 침해하는 것은 아닌지 물어본 것입니다. 이에 헌법 재판소는 위헌이라고 판단했고 민법 조항은 수정되기에 이르렀습니다.

또 헌법 재판소에서는 고급 공무원에 대한 탄핵 심판을 합니다. 탄핵이란 어떤 지위나 임무를 그만두게 하는 것입니다. 대통령이나 국무총리처럼 일반적인 형사 재판 절차로는 처벌하기 어렵거나, 판

> 호적 남성 가장을 한 집안의 주인으로 두고 그 집안에 속하는 사람의 이름·생년월일 따위의 신분에 관한 사항을 기록한 공문서. 남녀평등에 위배된다는 비판에 따라 2008년에 폐지되고, 지금은 '가족 관계 등록부'가 이를 대체하고 있다.

사처럼 특별히 신분을 보장할 필요가 있는 고급 공무원에 대해 국회는 탄핵을 해 달라는 내용의 소추안을 의결할 수 있습니다. 그러면 헌법 재판소는 그에 대한 최종 판단을 하게 됩니다. 실제로 지난 2004년 당시 노무현 대통령에 대해 국회가 탄핵 소추안을 의결했습니다. 이에 따라 대통령 업무가 정지되고, 국무총리가 업무를 대행하는 초유의 사태가 발생했죠. 그때 헌법 재판소는 탄핵의 이유가 없다는 결정을 내렸습니다. 이로써 노무현 대통령은 업무에 복귀할 수 있었습니다.

반면 국회가 2016년 12월 박근혜 대통령에 대한 탄핵 소추안을 의결하자 헌법 재판소는 3개월여에 걸친 심리 끝에 이를 받아들여 2017년 3월 10일 우리나라 헌정사에서 최초로 대통령에 대한 탄핵 결정을 내렸습니다. 이는 국가적으로 큰 불행입니다. 하지만 국민들에 의해 직접 선출된 최고 권력도 국민의 기대를 저버릴 경우 합법적인 절차와 방법으로 다시 끌어내릴 수 있다는 점을 보여 주었기에 이를 우리나라 민주 정치가 한 단계 발전하게 되었다고 긍정적으로 평가하기도 합니다. 또한 정치권에서 유야무야될 수도 있었던 권력의 부패와 무능을 촛불을 든 시민들의 힘으로 밝혀내고 끝까지 심판했다는 점에서 또 하나의 시민 혁명으로 평가하기도 합니다.

한편 헌법 재판소는 정당의 활동이 헌법이 정한 질서에 위배된다고 생각되어 정부에서 어떤 정당의 해산을 제소(소송 제기)하면, 이것을 심리하여 그 정당의 해산 여부도 결정합니다. 이를 정당 해산 심판이라고 합니다. 우리나라에서는 2014년 12월 '통합진보당'에 대한 해산 결정이 최초의 사례입니다. 현대 민주주의가 정립된 이후 몇몇 독재 국가를 제외하고 정당을 해산한 사례가 있는 나라는 전 세계적으로 5개국 정도에 불과합니다. 따라서 정당 해산이라는 것이 과연 적합한지를 두고 논란이 많습니다.

마지막으로 헌법 재판소에서는 국가 기관 사이, 또는 국가 기관과 지방 자치 단체 사이에 권한 분쟁이 생길 때 이것을 조정하고 결정하는 일도 합니다. 이는 권한 쟁의 심판이라고 합니다.

앞에서 입법부의 역할을 이야기하면서, 정치의 사법화가 우려된다는 말을 한 적이 있습니다. 사회에서 벌어지는 각종 이해관계를 조정하고 갈등을 치유하는 것이 정치의 본래 임무입니다. 그런데 요즘에는 정치의 영역에서 해결해야 할 문제들이 법의 영역으로 옮아가는 경향이 있습니다. 그만큼 우리나라 정치가 합리적인 토론과 대화로 문제를 해결하지 못하고 있다는 뜻이기도 합니다. 그런데 정치가 사법화되면 사법부가 완전히 독립적이라면 모를까 우리 현실에서는 우월한 권력과 많은 돈을 가진 사람들에게 좀 더 유리한 결과가 나오게 되는 것은 아닌지 우려가 됩니다.

우리나라 정치인들이 하루빨리 국민의 신뢰를 얻기를 바랍니다. 그리고 국민들도 갈등과 이해관계가 드러나는 것이 사회를 혼란하게 만드는 것이 아니라 사회를 더욱 건강하게 만드는 길이라는 사실을 이해하기 바랍니다. 부디 올바른 정치로 우리의 삶이 더 행복해지길 기대합니다.